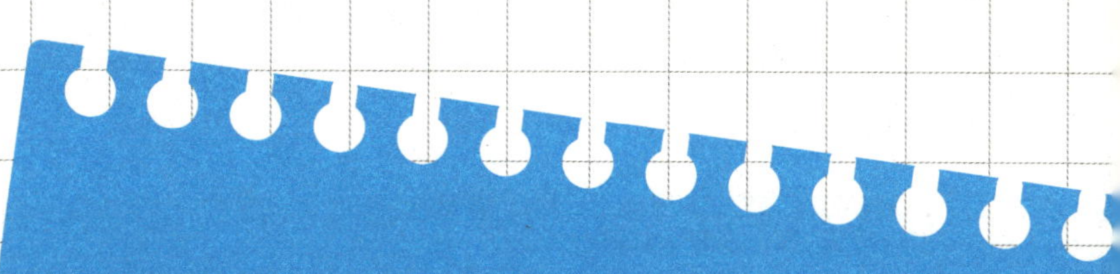

高效能管理

消除庞大工作量与沟通不畅的35种笔记术

[日]田岛弓子 / 著
王健　高丽然 / 译

人民邮电出版社
北京

图书在版编目（CIP）数据

高效能管理 ： 消除庞大工作量与沟通不畅的35种笔记术 / （日）田岛弓子著 ； 王健，高丽然译. -- 北京 ： 人民邮电出版社，2020.1
ISBN 978-7-115-52289-4

Ⅰ. ①高… Ⅱ. ①田… ②王… ③高… Ⅲ. ①工作方法—通俗读物 Ⅳ. ①B026-49

中国版本图书馆CIP数据核字(2019)第254435号

版权声明

◆ 著 [日] 田岛弓子
译 王 健 高丽然
责任编辑 朱伊哲
责任印制 周昇亮
◆ 人民邮电出版社出版发行 北京市丰台区成寿寺路 11 号
邮编 100164 电子邮件 315@ptpress.com.cn
网址 http://www.ptpress.com.cn
三河市中晟雅豪印务有限公司印刷
◆ 开本：880×1230 1/32
印张：5.25 2020 年 1 月第 1 版
字数：116 千字 2020 年 1 月河北第 1 次印刷
著作权合同登记号 图字：01-2018-8088 号

定价：49.80 元

读者服务热线：(010)81055296 印装质量热线：(010)81055316
反盗版热线：(010)81055315
广告经营许可证：京东工商广登字 20170147 号

前言

备忘录、记事簿、白板等“模拟工具”为优秀管理者的工作带来革命性改变！

●管理工作的二难推理——与“没有终点的工作”的斗争

某日下午 3 点，我收到一封邮件。是我认识的一位新任部长 A 君发来的。

邮件主题是“有事相商”。

我想，这么晚了会有什么事要商量呢？我打开邮件发现，他写的是管理工作中进退两难的处境。

“担任部长有 3 个月了，和‘没有终点的工作’的斗争令我疲惫不堪。白天赶着开会和应对部下的纠纷，傍晚回到办公桌前处理邮件、笔记和堆积如山的文件等，终于能着手开始自己的工作通常都是入夜以后了。”

“按理说，作为部长也有很多必须要学习的东西，但是每天被这样折腾下去的话自己是无法成长的，我内心非常焦虑。”

“想当初自己作下属的时候，还可以向上司或同事发发牢骚，但如今自己成为了倾听烦恼的一方，感觉自己积累了很多的压力。”

“田岛部长，您有没有什么办法能帮我从这种状况中解脱出来？”

●向部门主管推荐使用模拟工具

部门主管最重要的使命是“团队成果的最大化”，任务是培育部下，创造团队业绩，并且要兼顾自己的工作。为此，我将部门主管需要掌握的商业沟通的具体策略予以归纳总结，于 2010 年出版了《优秀管理者的教科书》。

承蒙大家厚爱，该书现在还在再版，销量一直很好。并且，在面向管理人员的研修、讲座等场合，我有幸能够与众多优秀管理者直接对话。

和前面提到的 A 部长一样，令部门管理者们烦恼的通常是如下 3 种恶性连锁反应：

1. **工作无论怎么做都做不完**
2. **完全没有自己的时间**
3. **饱受压力之苦**

因此，本书会向大家介绍优秀管理者的一些宝贵经验和方法。

- **灵活有效运用有限的时间**
- **整合、引导团队完成目标**
- **兼管庞大繁杂的工作**
- **能够管理自身的工作和情绪**

我在担任微软（现为日本微软）公司营业部长时，曾获得过团队和个人的总经理奖，在极其忙碌的管理工作中运用的就是模拟工具。

“工作日程管理也是使用纸质记事簿，而且工作中分别使用着多个记事簿。”

每当我这样说的时候，常常听到“很意外啊”的反应。大家的印象可能是，微软的前营业部长，那一定是“自如操纵着最新设备的数字强者”。

当然，便利的数字工具对我的工作帮助也很大。智能手机、手写板等的出现令数字环境发生了戏剧性变化，与单纯的电脑时代相比，功能更强的最新数字化设备为我们的工作带来了便利，对此我绝无意否定。

但是，我依然认为，作为优秀管理者，记事簿等“模拟工具”是不可缺少的。而且，正因为是部门主管，仅仅依靠数字工具是不够的。我的意思是说，在数字工具绝对必要这一大前提下，管理者要不断创造成果，“仅仅依靠这些是不够的”。

●运用模拟工具为工作“注入生命力”的混合型工作方法

模拟化工作方法之所以有效，是因为当从管理者视点出发时，模拟工具能够将管理水平提升一或两个等级。

运用数字化工具可以高效而一元化地处理事务，在此基础上，再合理运用模拟工具，将能更深入且多维度地工作，将工作引领到更高维度，从而形成混合型工作方法。

- A5 纸大小的记事簿
- 白纸、笔记本等
- 白板
- 便笺

这些都是公司里的必备物品，从经营管理者的角度来看，熟练使用这些工具，可以说与工作中的“王牌”一样重要。

对于一名优秀的管理者而言，所谓成果是指团队成果。管理者必须要管理下属，创造整个团队的成果。

既然成为了一名中层管理者，就有责任在团队和自己的上司间发挥沟通协调作用，同时和其他部门间的横向联系也变得很重要。作为部门主管，工作将是多元化的，工作相关的人事关系也是多样化的，业务管理将更加复杂。

在这种情况下,“仅仅依靠数字工具是无法完成经营管理工作的”，这是我的切身感受，也是我在多年工作中得出的结论。

因为**能够调动人的积极性并创造成果的管理工作，需要具有对数字化处理过的信息运用模拟化方式为其注入生命力的缜密与细腻。**为了达到这一目的，本书将聚焦像笔记本、记事簿这样的工作中随处可见的“模拟工具”：用记事簿俯视工作任务、利用会议室的白板进行一个人的战略会议、利用便笺实现与下属的沟通……详细的方法将在本书中具体介绍，这些都是只要你想使用立刻就能付诸实践的工具。

一个备忘录、一本记事簿，可以成为你工作的指挥塔、教练，或者你的咨询顾问。部门主管所面临的诸多任务、问题，甚至孤独、不安乃至压力等情绪，模拟工具都能够引导你解决。

希望原本就习惯使用模拟工具的诸位在阅读本书时尽可能将经营管理的理念添加到自身的工作模式中。而另一方面，对于在数字化时代成长起来的年轻管理者，希望你们能从提高管理技能的角度去发现模拟工具的新的可能性。

备忘录、记事簿、便笺、A4 纸、白板等，这些是我们日常无意中都在使用着的工具。通过改变这些工具的使用方法，在从一名普通员工逐渐成长为管理者的过程中，我们的工作方法也会自然而然发生变化。并且，新的行为习惯的养成也有助于进一步磨练我们的管理技能，最终也会培养出管理者的内在精神。

真实地感受到“自己获得了成长”，这也是我们人生和工作的意义所在。

为了尽快告别“被工作追赶着”的状态，能够切实地把握时间和业务，同时收获整个团队的巨大成功和喜悦，请诸位立刻开始吧！

布拉曼特股份公司 田岛弓子

2016 年 10 月

目录 高效能管理

序章

第1章 通过改变工具的使用方法来改变工作方式

第2章 把记事簿作为工作的“指挥塔”

第3章 使“沟通”得以顺畅进行的笔记术

为繁忙的管理者自身提供帮助的备忘术

附录 本书介绍过的一些工具的“模板集”

序章

在工作中改变工具的使用方法

摆脱“优秀员工”的局限

无论是刚升任部门主管的人，还是已有部门管理经验的人，总是习惯于按照优秀员工时期的工作方法来进行工作。

优秀管理者的职责是“提升团队业绩”。

为此，应该怎么做呢？

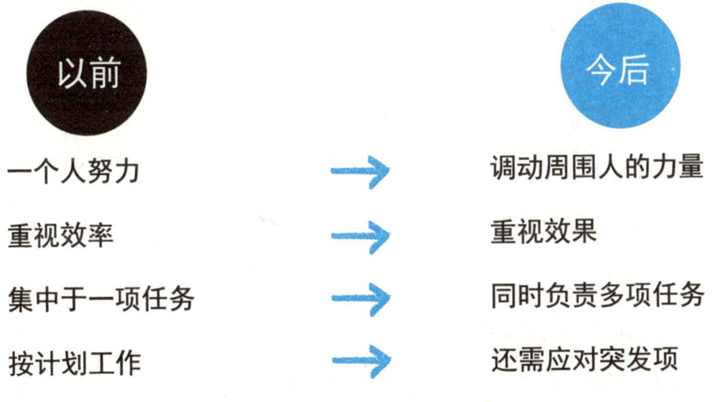

虽说如此，但想法和认识很难一下子改变。
这时，就要靠日常使用的工具了。
通过改变工具的使用方法，从而改变工作习惯。

作为普通员工时

曾这样使用工具！

为了快速而准确地处理大量业务，你以前是不是像下面这样使用工具的呢？

现在依然还这样使用工具的人要注意了！

1．每 30 分钟为一个时间段，密密麻麻填满的日程表

纸质记事簿或电子日程表上，填满了每天的计划，以致无法应对“突发事项”。

2．每天大量的待办事项

任何事都要亲自去做，一个一个地解决数量庞大的待办事项。这样不仅让你无法认真处理本职工作，还可能妨碍下属的成长。

3．沟通交流只依赖邮件

邮件的确快速、高效，但是，若要创造愉快的工作氛围，构建上司与下属间的信赖关系，仅仅依靠邮件恐怕是不行的。

告别优秀员工时期那种自我完结型的工具使用方法，
实现优秀管理者的“三原则”，掌握行之有效的工具使用方法。

优秀管理者工作的

“三原则”

为了培养优秀管理者的工作习惯，
提升团队业绩，必须遵守如下“三原则”：

1 在日程安排表上有意识地留出空白和余地

应该认识到，无论是记事簿还是电子日程表，都需要有意识地预留出空余时间。快速应对突发事件和下属工作中的困难是部门主管的工作之一，为此要在日程安排上留有余地。

2 随时把握“工作全貌”和“现场工作”

作为部门主管，必备的一项非常重要的能力就是“俯视力”。要能够有前瞻性地安排每一步工作，不留疏漏地同时推进多项工作，因此，就需要有能够一览工作全貌的工具。

3 稍微花些时间和精力用于沟通交流

引领和调动大家的积极性是部门主管的工作之一。因此，沟通交流的重要性不言而喻。不过无需花费太多时间，请用心付出一点努力使团队效能最大化。

实现“三原则”的工具使用方法

记事簿保留必要的空间，以一周为单位安排待办事项

关键是不要把计划安排得过满，要在每天的工作计划表上留有余地。周密制定一周的计划，并在这一周内适度调整完善。在推进工作进程时要保持灵活性。

用白板和A4纸来俯视工作全貌

把工作内容、计划、思考等写在大大的白板上，可以看到工作全貌。通过书写，大脑中的信息会被整理，在看着工作全貌的时候，“今天应该做的工作”会变得清晰和明确。因为能看到整体，不安会消失，压力会减轻。

运用“手写”的补充功能给予工作上的支援

在便笺或A4纸上手写添加一些话，这样稍微动点脑筋就会给沟通交流带来出乎意料的效果。习惯于添加一两句话，诸如“请一定阅读！”“谢谢！”等，会有效调动团队的战斗力。

※具体做法参见本书！

第 1 章

通过改变工具的使用方法来改变工作方法

改变工具使用方法
就是改变工作方法

首先，请不要误解，本书的目的并不是向大家介绍工具的使用方法。

本书的最终目标是**从管理者的视点出发，通过改变工具的使用方法来掌握经营管理的方法和思想**。

时常听到奋斗在工作一线的管理者发出这样的抱怨：“尽管工作中时刻牢记着‘上司范本’上所讲的经验和心得，但工作还是进行得不顺利。”“虽然心里很明白，但就是无法真正掌握管理岗位的工作方法。”

如果是作为一名优秀的员工来看，这样的烦恼和抱怨可能不足为奇。

但部门主管是因为个人能力强，在公司获得不错的评价，从而获得晋升的。这时候，几乎每一位新晋升的部门主管都会遭遇到下面的课题。

那就是，要**摆脱优秀员工的局限**。

- **从个人奋斗成长为团队管理者**
- **不是要自己行动，而是要激发出周围人的能量**

虽然自己心里很清楚这一点，但一旦达不到月末、季度末、年末的目标数字，无论如何自己都会想去亲自行动，于是很容易就又回到了个人奋斗的状态。

结果，就又会采用与普通员工时期一样的工作方法。

然而，由于同时担任着管理职务，与之前相比生产性自然会大幅下降。在有限的时间里，体力和能力也都是有限度的。

一个人像推土机一样地工作，不仅会令自己身心疲惫，下属也无法获得成长，整个团队也无法创造出优良的业绩。所以，为了避免出现这种状况，就必须改变工作方法。

那么，如何才能改变工作方法呢？

学习作为管理者的思想准备等固然重要，但从我的切身经验来看，更为有效的做法是**"改变工作习惯"**。

具体策略是，从经营管理的角度改变自己日常惯用的一些工具的使用方法。

如果不能随时做好思想准备的话工作难以继续，但是理解并实践本书所介绍的工具的使用方法，可以掌握作为优秀管理者的工作方法及其工作要点。

记事簿的使用、文件资料的制作、使用便笺进行沟通交流等，从管理者角度提升这些日常工具的使用方法，**会帮助你从普通员工成长为优秀的管理者**。

本章将说明改变工具的使用方法会给你的工作意识带来怎样的变化。

普通员工时期的最终目标是“自己明白”

管理者的最终目标是“全体成员理解”

在部门主管的工作中，使用方法发生了很大变化的，是进行数值管理的 Excel 表格。

Excel 表格从作为普通员工开始就是不可或缺的应用。盯着排得满满的工作定额，紧握荧光笔在重要的项目上做上标记，心里预测着完成目标需要的时间……**这个时期的 Excel 表格是为自己服务的信息管理工具**。

然而，当你一旦成为部门主管，这个工具的使用方法就发生了很大变化。

它不仅仅要为个人服务，而且**也是部门主管向团队成员传达信息的工具**。不仅要让大家看到数字，还要考虑如何让团队成员正确解读这些数字，如何去实现工作目标……这是作为上司使用 Excel 表格时的重要目的。

为此，就需要对输出的数据添加各种补充内容。对于重要事项要传达数字背后的故事，为了让大家理解目标的意义，需要添加解释、评论等，这样就增加了交流沟通的时间和成本。

我当时在工作中感受到的是数字方式作为交流工具的局限性。虽然在应用上可以插入线条式的图形，也可以加入文本，但却出人意料的麻烦，比如文字会变小，会变得不完整，标注框过多的话也很难看；并且有的下属也根本不会注意到这些解释、评论……

需要传达的内容很多，或者想区分传达内容的重要性时，**仅仅依靠数字化方式来实现沟通的目的是不够的。**

例如，当你想在 Excel 表格的数据上表达“这很重要！”的意思时，下面哪种方法更有效呢（图 1）？

A. **在数据上插入“！”“◎”符号，或者用粗体字、彩色字表示**

B. **在打印出来的纸上用记号笔标记并添加“重要！”的标签**

图1 哪个数字更具传达力？

A

数据表上显示的数字

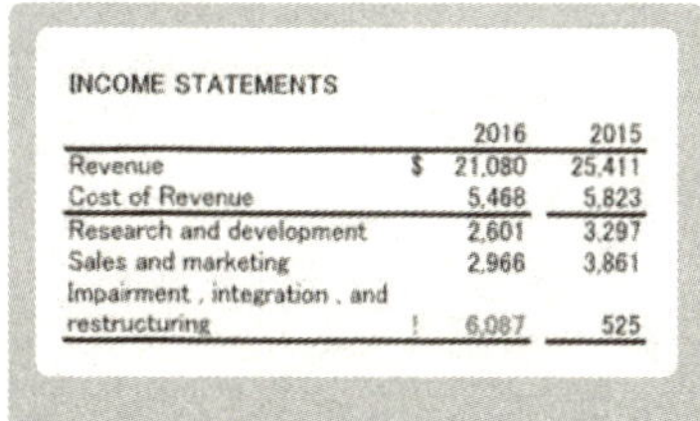

INCOME STATEMENTS

		2016	2015
Revenue	$	21,080	25,411
Cost of Revenue		5,468	5,823
Research and development		2,601	3,297
Sales and marketing		2,966	3,861
Impairment, integration, and restructuring	!	6,087	525

B

数据表 + 打印 + 用模拟方式略作补充

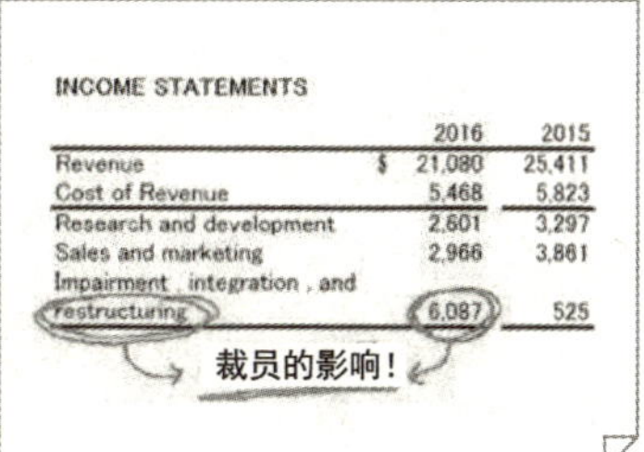

INCOME STATEMENTS

		2016	2015
Revenue	$	21,080	25,411
Cost of Revenue		5,468	5,823
Research and development		2,601	3,297
Sales and marketing		2,966	3,861
Impairment, integration, and restructuring		6,087	525

不只是传达数字，还需要传达“上司的想法”，特别是想让别人看到的重点

作为优秀管理者不应该仅仅传达像“目标必达！”这样的指示、

指令类信息。当下属拼命努力终于达成目标时，**在数据表上盖上“完结”的印章和在便笺上手写的“祝贺！”**，哪种交流方式更能让部下获得成就感呢？

不单单是把数据发送给大家，而且添加能够传达心意的“手绘图”，这会提升你“调动成员，创造业绩”的管理技能。

这里所说的“手绘图”，可能有人会误以为是要在备忘录上画肖像画或是添加插图，其实手写的一句话、红色的漫画字等就足够了。**练习运用“手绘图”为资料注入生命力并不需要具备特殊的才能**。重要的是你愿意在这样微不足道的小事上下功夫。

普通员工时期的评价标准是“快速回复”

管理者的职责是要让“下属领会”

听一位谙熟劳动法的人士讲过，对于要完成的目标如果下属能够彻底领会的话，可以避免很多的烦扰。

如果不能够领会“为什么要这样做？”的话，下属的积极性就难以提高。尤其是如今的年轻职员，他们所处的是一个未来不明朗的时代，他们与泡沫经济时期成长起来的管理者拥有不同的价值观。作为管理者如果意识不到下属的这些特征，一味按照自己的价值观进行沟通交流，不仅无法取得期待的成果，也很难与下属建立起信赖关系。

只用邮件来发布工作指令可能还是不放心吧。我认为，部门主管的工作如果过于依赖数字化的便利性而造成工作的疏忽，是很危险的。

我曾经就职的微软公司尽管从很早开始工作中的数字化就非常发达了，但正因其是一个全球性企业，所以才会在工作中巧妙灵活地使用数字方式和模拟方式。

虽然在世界各国都设有分公司，但大家实际见面的机会很少，很多业务往来和信息共享都不得不依靠网络和邮件。但也正因为如此，大家才更加理解面对面交流的重要性。

例如，我在职期间，每年会有一次全体员工大会。世界各地的微软员工会为了这个大会聚集到一起。我理解大会的目的是让大家在一起面对面地分享公司整体的目标和计划，从而**产生出一种一体感**。

租下圆拱顶的会场，当时担任CEO的史蒂夫·鲍尔默会登台演讲。他像一头关在笼子里的大熊（失礼！）似的跑来跑去，满头大汗地发表演讲。大会一个固定的环节是连呼“我爱微软！”，简直像是一场现场直播。

整个会场被热情的气氛包围，来自世界各地的员工高声回应着。各部门高管依次作精练的说明会，展示正在研制开发中的新产品和新技术。大会最后一天是一个大派对。大会还有历时三天的大庆典，邀请知名艺术家举办小型音乐会。

将世界各地的员工召集在一起需要相当的费用，但是肯定是**有相应的效果才举办**的。

在全球性公司里，是语言、价值观、商业习惯等都不同的员工在世界各地工作，所以不见面而仅仅依靠数字化的沟通方式无论如何都很难做到“齐心协力”。因此，为了实现组织机构的未来构想和使命，企业希望员工如何做以及自己部门的成果如何影响全世界，这些都需要让团队所有成员理解和领会。为此，用“现场直播”的方式将热情和能量传递给大家，具有非常重要的意义。

史蒂夫·鲍尔默曾是所谓的“高高在上的人”，但我感觉自己从他在舞台上大汗淋漓地跑来跑去的身姿中学到了很多。

当时的体验也是让我认识到优秀管理者的工作必须要依靠模拟方式的一大原因。

只有当下属真正理解了目前的工作，并承诺会努力去实现目标时，上司所下达的工作指示才具有意义，也才有可能实现团队业绩。

如果只传达“这次的目标是 ×× 元”下属就能去完成的话，也许只发个邮件就可以了。

但是，我们不是机器人，而是有感情的生物。

为了调动下属的积极性去创造业绩，管理者应该谨记：**自己的工作是要激励下属发挥内在的积极性并主动投入工作**。这样做会带来预料之外的好结果，对此我深有体会。

在今天这个时代，身为优秀管理者恰恰需要通过现场来下达工作指示。希望大家能重新认识到这种模拟化沟通方式的效果。

普通员工时期“勤恳地汇报”就会让上司放心

管理者必须保证信息传达“到位”

邮件加速了工作场景的数字化。

由于过于熟悉而导致我们意识不到邮件是一种数字化的方式，但是一名优秀管理者若因为方便而不加思索地使用邮件，有时不仅不能调动大家的积极性，还有可能将下属带向事与愿违的方向。

对于一名优秀管理者，邮件是把双刃剑。

“关于 ×× 项目，我不是已经发邮件告诉你周一前要做好吗？为什么没有完成？”

这是一位上司在训斥因疏忽没有看到邮件的下属。上司觉得自己也很忙就只发了一个邮件下达了指示。这恐怕是今天这个时代特有的一幕吧。

然而，要说错在哪方的话，难道问题不是出在上司吗？上司的职责要直到下属“完成了交代的工作”为止。为此，上司有必要确认信息传达已经“到位”。**从这个角度来看，邮件发出之后就置之不管导致交流行为在“信息传送”这个环节就停止了，而没有“抵达”下属。这无疑是上司的责任。**

另外，下属也有不同的类型。

如果本身就是数字化时代成长起来的年轻人，的确会有些优秀的下属你只需发个邮件他就会如你所期待的那样理解和接受；但肯定有些下属是需要一些时间来领会上司邮件意图的。

而且，有的下属是“自认为明白了，但其实并没明白”。这类下属还有可能会因贸然断定或错误的理解而使工作与目标背道而驰。结果导致上司还要在后面做补救工作。

也许会有下属反对：“为什么我们必须被上司的一个单方面指示折腾得团团转呢？”如果下属身心都轻松的话，可能还有余地去理解领会上司的意图，但如果总是被工作定额追赶，那么**来自上司的单向的数字模式的沟通对下属而言就像是不断投下的“炸弹”**。结果，**“只是不反驳而已，但并不接受”**等类似的想法可能会让混沌气氛在整个团队蔓延。这样的情况我经历过多次。

能够弥补这一缺陷的方法就是后续采用一些非数字化的方式进一步沟通。

例如，把发送给所有人的指令性邮件打印出来，在召开团队会议时分发给大家。

绝对不希望对方读错的地方用粉色记号笔进行标记，并添加上补充信息。认真读取每位下属的表情，一边解释一边确认全体成员是否都能领会……这样的方法我都实践过。

另外，对于容易误解上司指示的下属，还要一对一地进行讨论确认。

也许有的人会觉得“既然如此，那一开始就开会不好吗？”，但对于不留下记录的会议，有可能会出现“说过 / 没说过”这样的纷争。这时候，**邮件就会成为保留记录的手段**。

除此之外，对于下属来说，可能会面对一些难度较大的工作，例如，第一笔业务、承担重大责任的项目、心理负担很大的工作定额等。即使这类情形也希望下属能积极地去努力，“有问题随时来和我商量”，这种来自上司的直接的话语，对于下属而言一定是坚强的后盾和强有力的支援（图 2）。

当然，也有些沟通是单靠邮件就可以解决的。从快速、多数、准确送达的观点来看，邮件的便利性是不可或缺的。

重要的是，作为上司需要**充分理解数字化沟通方式的优点和缺点**。并且，能够依据具体情况来分别使用数字化 + 模拟化，具备两手准备的沟通意识和技能，目标是能综合运用数字化与模拟化的管理能力。

将发送的邮件打印出来并添加附言

Yumiko Tajima

地址营业二科成员
主题有关 A 公司与 B 公司续约事宜
关于 A 公司与 B 公司续约一事，请务必确认以下 3 点。

1 向总公司确认
→总公司发来的批准邮件，请转发给田岛部长。小A，拜托了！

2 请法律顾问检查文字内容
→请在交给对方之前确认。如有不明白的地方请随时联系我！

3 预约会谈
→一旦决定下来，立刻记入 Outlook 的日程安排表！
→对方来访前如有必要再进行一次讨论，请联系公司内部碰头商议。

充分运用数字方式和模拟方式各自的优势给予下属支援

普通员工时期用邮件传达“不好表达的事情”

管理者必须明白“邮件是传达感情的工具”

点击了“发送”按钮之后发现“糟糕！”，这种事后后悔的经历想必大家都有吧。

所谓邮件，虽然是一种数字化的方式，但也是能够诉诸情感的不可思议的工具。邮件存在着**泄露感情**的危险。

例如，当需要批评下属时，大多数人可能会觉得“当面说比较尴尬，不如就发邮件吧”。其实，这是非常危险的行为。

由于**“不当面说就可以不必考虑太多”**而立刻发出邮件，这会不由自主地任由情感宣泄，接二连三地写下严厉的话。那么，收到邮件的下属会作何感想呢？加之，邮件发出之后也没有任何后续的沟通。恐怕下属会产生“被冷落”“被抛弃”“可怕的上司”等情感，不知不觉双方关系会陷入非良性状态。

在今天这个时代，可能多数人会认为“敲击键盘打字比手写快”，但是，前者有时也会产生消极作用。

快速完成是危险的。

如果是手写文章，需要付出时间和劳力。在一个字一个字亲自书写的过程中心情可以沉静下来，也可以对事件进行梳理。更何况如果是面对面的话，一个合格的上司一定不会采用随意发泄愤怒的沟通方式。

日语中有“处理”信件这个表达，汉字写作确认的“确”，是“处置”“确认”的意思。

在上司给下属发送邮件时，是不是也需要“确认”这个环节呢？

常常听到下属说**“男性管理者的邮件感觉比较冷淡，自己总是担心对方是不是在生气”**。例如：

“关于 ×× 事情，我想 ×× 日之前能够安排，请您确认一下。”（下属）

“知道了。”（上司）

“哎，是不是我的表达不好。以致让上司很烦躁，觉得‘这么忙的时候还不断地发来邮件’。”（下属的心声）

其实，上司既没有生气，也没有对下属不满，只是很简单地回复了一个“知道了”，但有的人会觉得“只说正事的邮件很可怕”。

相比较而言，女性的共情能力较高，会努力从对方所说的话中读取对方真实的心声。有的人会认为冷冰冰的邮件让人感觉“可怕”“把对方惹怒了”“被嫌弃”等。

最近听说，不仅女性，连年轻男性也很注意邮件和信息所营造的“氛围”。

在大阪大学上学的裕太（21 岁）早上起来后会立刻查看 7 位朋友在社交网络上的发言。据说这是便于他预先想好在学校见到他们时“开口先说什么”。

（《不谈恋爱的年轻人》，牛窪惠著，Discover21 出版）

虽然没有必要这样去迎合对方，但了解与我们不同年代的人的交流方式和价值观等对于提高沟通能力无疑是有帮助的。

另外，对于这个问题，尤其**希望引起那些一想到给下属指示马上就发送邮件的人足够的重视**。

来自上司的大量的指令性邮件，对下属而言只会成为精神压力。也许在上司看来只是想以备忘录的形式与下属共享，但是能平静地接受收件箱中接连不断来自上司邮件的，只有那些非常有经验的下属。一般人容易将“上司的指令性邮件 = 立刻行动”来理解，所以这可能会对其工作的先后顺序造成影响。

无论如何，作为上司都应该清楚，所谓邮件，它和我们直接用声音讲话一样，在交流时是需要用心权衡斟酌使用的工具。

当然，邮件也有很多优点。

重点是要理解邮件的特性并谨记以下两点：

1. **忙得不可开交时不发**
2. **不要把邮件作为回避当面交谈的手段**

也就是说，要在充分认识邮件与当面交流的不同的基础上谨慎使用邮件（图 3）。

图3 邮件更易导致“情绪化”

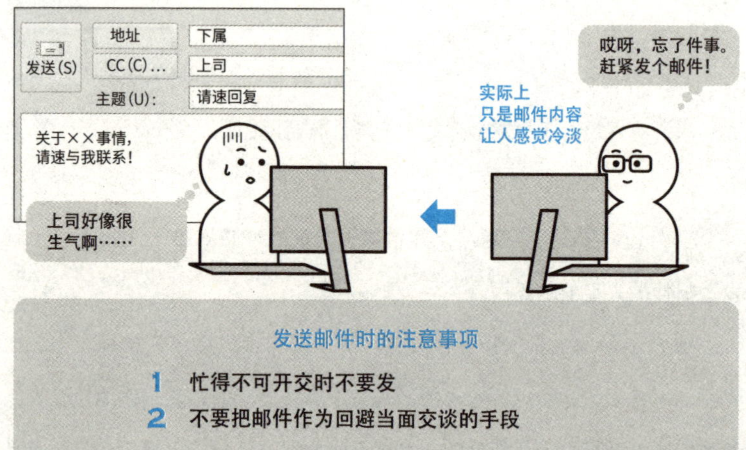

发送邮件时的注意事项

1 忙得不可开交时不要发

2 不要把邮件作为回避当面交谈的手段

普通员工时期的工作是“重视效率”

管理者通过“重视效果”来改变工作方法

数字化使得工作更便捷、更快速、更高效，这是事实。但是，如果认为优秀管理者的工作依靠数字化方式都能圆满解决那就错了。

例如，在美国的商业用语中有一个叫“Management by walking aroung(MBWA)”。意思是说，即使没什么事也需要离开座位，在公司各处走一走，和下属说说话，从而搜集一些信息，这是应用于经营管理的有效办法。

这种做法恰恰就是一种模拟方式。也许下属觉得不是什么特别需要汇报 / 联系 / 商量的事情，但是对上司而言也许是重要的信息，也许在不经意的聊天中还会发现下属令人意想不到的一面。

原本，部门主管的工作有以下两类：

- **需要彻底追求高效率的工作**
- **无论何种情况都不应以高效为准则的工作**

并且，成为部门主管后，**不应以高效为优先考虑因素的工作会大**

量增加，如人才培养、动机管理等。

无论 IT 如何进步，正如日文中表示工作、劳动意思的词“働く”所显示的那样，是“人 + 动”，所以工作是不能脱离和人的关系的。当然，我本人也并非情感上过于执着地认为“面对面的交流很重要”“手写很好”才会特别喜欢使用手写和当面交流的。

提倡运用模拟方式的另一个理由，是因为我注意到，**这样做会使之后的交流更加高效**。

请大家想象一下。

真正亲密的家人或朋友之间，有时只是一个简短的交流彼此就能心意相通。

有时只是简单的一句**“拜托”“好”**就可以相互理解，有时仅仅一个表情图就可以彼此心领神会。

同样，如果最初就能与下属建立牢固的信赖关系，就可以省却之后进行解释或发多封邮件进行确认的麻烦。

“向我汇报一下 ×× 事项的进展情况”，哪怕只是发送了这样一封只有工作内容的简单邮件，下属应该也不会像前面提到的那样感到恐惧、不安或不满。

如果通过当面的直接接触建立了良好的关系，之后数字化方式的交流将会更高效。当认识到这一点时，我明白了上司应该如何把握交流的轻重缓急，感觉自己掌握了管理工作的要领（图 4）。

图4 邮件的表达应随日常关系而调整

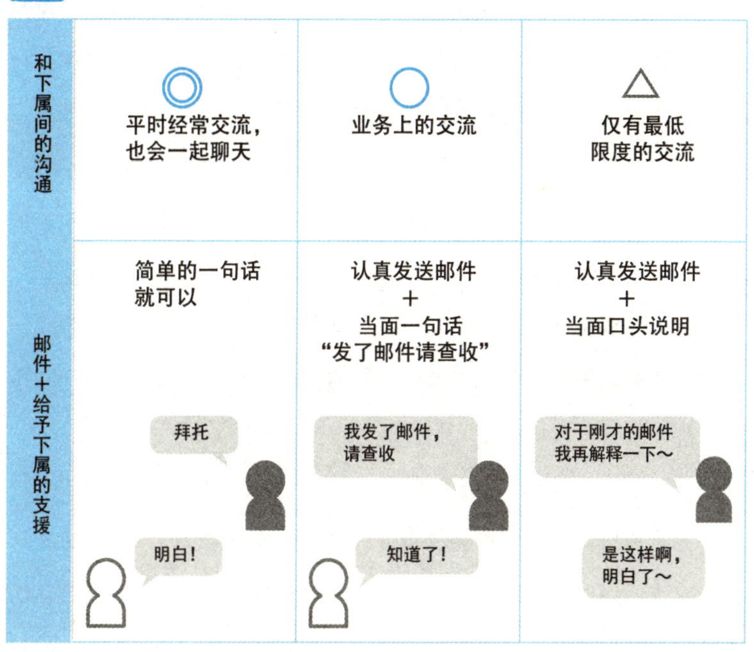

如果日常交流很好，
邮件内容即使看上去冷淡也没问题

并且，**部门主管自身的日程管理和工作上的预见如果也能脱离数字化的局限，大脑思维会更灵活，反应会更迅速。**

离开电脑桌去附近的咖啡馆，边走边思考，头脑中会浮现出好点子；抛开应用程序的模式而在手写笔记本和白板上放飞思想……这些都会让你的思维更清晰和敏锐，而这些在某种程度也是有科学依据的。

作为普通员工时，你的记事簿上可能填满了各种计划。但是，管理者仅仅这样是行不通的。

管理者要应对突发事件，时常还会有下属急匆匆地来找你商量事情。这些“不可预测的事情”正是你的重要工作。因此，记事簿上自然需要**“留白”，也就是要留有“余地”**。

处理大量的邮件，分析和修改各种数据等，这些需要面对电脑的时间会让我们感觉“我在工作”。但这些大多不是使用头脑的工作，而只是单纯地在进行“操作”，不是吗？

作为一名部门主管，仅仅面对电脑工作，这种状态下的时间和思考很难说能真正创造业绩。

为了完成部门主管应尽的责任和义务，需要结合运用模拟方式和数字方式。这会给管理者带来脱胎换骨的改变，这是本书最想传达给大家的。

模拟方式和数字方式，这两种类型的工具的区分和组合运用，**会让你的工作意识从单纯的业务执行者向经营管理者转换。**

从下一章开始，我将会介绍我亲身实践并切实体会到效果的具体工作策略。

第 2 章

把记事簿作为工作的“指挥塔”

工作日程管理同时需要模拟化和数字化两种方式

担任部门主管时，对于工作中的日程安排、下属管理等，我会分别使用下面的两种工具：

1. **纸质的日程安排记事簿**
2. **邮件的日程管理功能**

本书的主旨是对模拟化和数字化工作方法的综合运用。

为什么要综合运用呢？因为两者的使用目的明显不同。作为一名优秀管理者，要发挥自己的职能，就需要熟练掌握和运用这两种工具。

总结其使用要领的话，我认为应该是这样的：

1. **使用横竖自如的手写记事簿来“多维度”管理工作全貌**
2. **使用数字式的计划表从“面”上管理时间**

回首作为普通员工时的自己，那时只需要完成单项任务，在日程管理上最重要的是如何一项项处理待办事项，如何用每天的任务来填充日程表。有时看着填满各种预约事项的日程表，会沉浸在“我在工作”的感觉中。这一点想必大家都有体会吧。

杂志上专门做的记事簿特辑中，介绍了很多应用方法，例如，详细列出各项任务、用彩色笔区分、贴上便利贴等。如果是作为普通员工，这样的记事簿当然是可以的。

但是，**部门主管的工作日程管理显然与此不同。**

作为一名需要调动下属积极性创造业绩的部门主管，重要的不仅仅是完成自己的工作，还需要俯视进行中的项目及下属的工作，需要把握团队整体状况。因此，**部门主管需要具备经营管理的视点、全局观和多任务管理能力**。

而有助于培养这些能力的，就是手写记事簿。

当你从经营管理的视点出发时，你会发现下述记事簿的特性会帮助你具备全局观和多任务管理能力。

- **放在办公桌上随时可以看到（不需要像电脑那样点击鼠标提取文件）**
- **对开页集中了一眼就能看到的必要信息**
- **空白处可以追加信息（方便加贴便笺或在空白处自如添加信息）**
- **手写不仅仅是记录，也有助于记忆信息**

接下来我会立足经营管理的视点，介绍手写记事簿的各种应用方法。

公开记事簿，让下属了解为什么进行这项工作

作为部门主管，记事簿不仅用于进行个人的日程管理，也是经营管理工作不可或缺的工具。

我在做部门主管时喜欢**使用 A5 纸大小的活页记事簿**。

活页是模拟工具的一个重要特征，因为可以一下子 180 度展开。我通常会把记录着本周工作安排的那页展开放在办公桌上，任何人任何时候都可以看到。目的就是告诉大家，这个记事簿是“公开展示的记事簿”。

上司的日程安排应该向下属公开。为了创造团队成果，上司有责任尽量与团队成员共享自己的信息。其理由如下：

- **公开自己的日程安排，让下属运用其作为信息收集的“资源”**
- **在此基础上希望大家看到的信息，可以专门写进去特意“展示”**

部门主管这样的职位身处上级和下属之间，所以，把从自己的上司那里获得的信息传达给自己的下属，也是部门主管的职责之一。

我在之前的著作《优秀管理者的教科书》中对这一核心职责的作用进行过说明。

作为部门主管，从其职责内容来看，既有现场的工作，也有机会接触到预算、公司重大决定等与经营管理相关的工作。也就是说，工作现场的信息和经营管理的信息通常会在部门主管这里汇集。

这些信息也会对下属的动机管理产生很大影响。

“这个夏天我们要在A商品上下大力气。”

“这个时期你的目标是接受××件订单。”

下属不是机器。像上述这样单纯接收指示但不能真正领会工作内涵的话，是无法发挥其能力的。因此，在布置工作时需要明确以下两点：

- **为什么这个夏天要在那个商品上投入大力气**
- **为什么这个时期要接受××件订单**

没有对这个“为什么”的解释而只下达指示的话，下属的积极性很难调动起来，甚至可能会采取错误的工作方法。为避免出现这种情况，**与下属共享指示背后的“原因”，对下属而言是极为重要的“信息”**。

让我认识到这个问题重要性的人，是我曾经的上司。

他虽然是一个魔鬼般严厉的人，但有些原本下属还不能知道的信息，他也会信任我们并与我们分享。

因此，尽管我们接到的指示是“这个夏天要主推A商品，这是公司的决定”，但由于有上司事前的信息共享，所以我们头脑中已然明白为什么要主推 A 商品。

“‘公司今年夏天的营销重点是高额商品’，上司把干部会议上的谈话偷偷告诉了我们，照此推想，我们部门负责的大额商品只有A。”

这样一解释，大家就能完全领会了。

并且，上司与大家分享信息，会让下属觉得“正因为他信任我们，所以才会尽早告诉我们。那么，我们也要努力以不辜负他的这份信任”。上下级之间自然就会产生信赖之情。

信任下属的上司也会得到下属的信赖。

在构建信赖关系方面，“信息”发挥了重要作用，这是我在实践中亲身体会到的。反之，如果信息不能共享，有时会让人产生置身事外的疏离感，工作的积极性自然也就可能下降。

曾经自己希望上司做的事情，也被我采纳成为了自己的工作方法，这就是“透明化的工作日程表”。“自己拥有的信息希望和下属共享”，心存这样的意识，就会很乐于将日程安排表展示给大家（图 5）。

- **只有部长级别的人才能出席的营业会议的相关安排**
- **下一期的预算计划安排**
- **总公司下达的关于开展新事业的实行计划**

这些信息如果不去有意识地分享，下属是无法获知的。将这些信息记入公开的记事簿，可以传达给大家“现在公司正在发生的事情”。

当然，有关人事、评估等的事项，以及涉及个人隐私或真正的公司机密事项则不要记录在记事簿上。

信息共享是让团队成员团结一心、坚如磐石、共同创造业绩所不可缺少的行为。希望诸位能从管理者的视角出发，让自己的记事簿发挥提升团队整体战斗力的作用。

图5 上司的记事簿基本是“公开透明的”

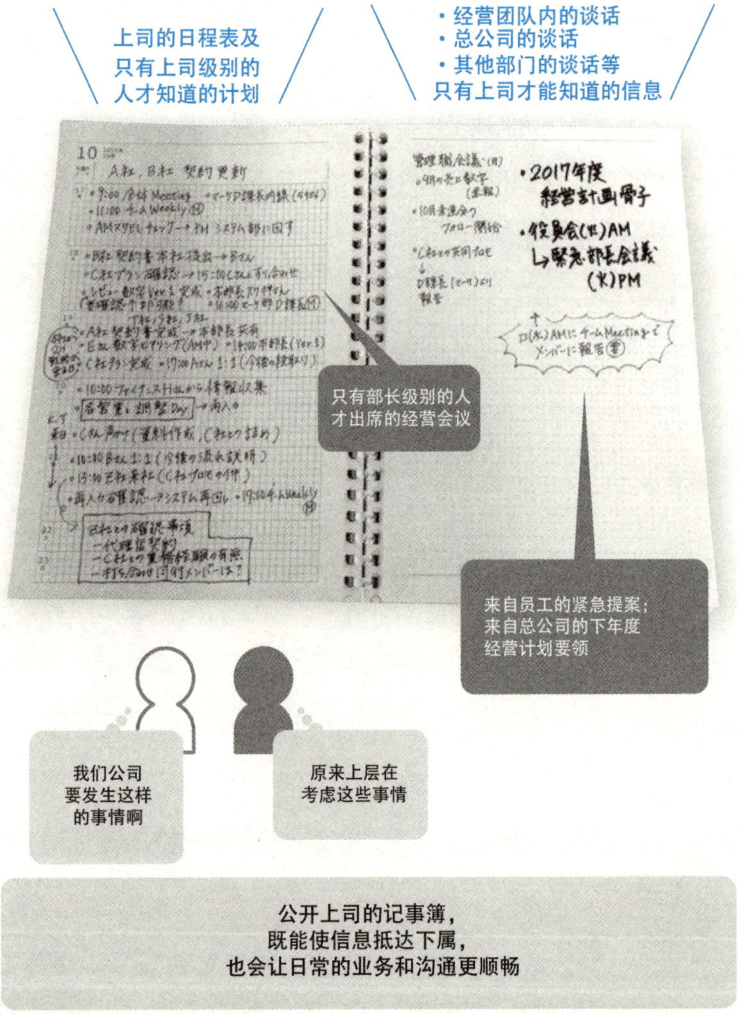

上司的日程表及
只有上司级别的
人才知道的计划

· 经营团队内的谈话
· 总公司的谈话
· 其他部门的谈话等
只有上司才能知道的信息

只有部长级别的人
才出席的经营会议

来自员工的紧急提案；
来自总公司的下年度
经营计划要领

我们公司
要发生这样
的事情啊

原来上层在
考虑这些事情

公开上司的记事簿，
既能使信息抵达下属，
也会让日常的业务和沟通更顺畅

用对开页的记事簿俯视整个工作

部门主管的记事簿的核心作用是运用“对开页的一周工作安排”这样的版式来进行日程及任务管理。

各页的主要使用方法如下：

- **右页→①根据目前进行的项目确定未来一周的业务；②下属的工作计划表**
- **左页→参照右页内容细致分列出每天的待办事项**

对于部门主管来说，右页的一周日程表尤其重要。

因为这样能将时间跨度长达3个月或半年的项目以及下属的工作，分配成每周的待办事项，而且内容一目了然。

作为部门主管，不光要完成自己的工作，还需要预先把握下属及团队当前的工作状况。**这种多任务管理的最小时间单位是一周。**

此外，通过随时观察右页的一周工作计划，就可以对左页每天的待办事项进行整理分类，从而顺利推进整体的工作（图6）。

对开页的记事簿有助于培养“多任务管理思维”。

另外，除了以周为单位外，还可以以月、年等管理者需要俯视的工作时间轴来创建较长时间的日程安排。对此，后面会有相关论述。

管理者需要以周为单位来把握工作日程安排的理由有如下两点。

第一，上司通常要有预见性，需要比下属先看半步。根据今天的工作来安排明天，根据这周的计划安排下周。

例如，“下周会谈要用的资料我需要这周的头几天先看一下”，这种情况下就需要从这个计划来逆推，精确推算“现在应该让下属做什么”，并适时检查工作进展情况。

第二，自己的工作也要在一周内调整完善。基于这样的想法，最好让任务列表和日程安排表留有适当的余地。

可以说，部门主管的工作本身就会不断遇到“不测事件”的。

即使认真规划了今天的待办事项，但完全按照日程安排度过一天实际上是不可能的。

如果不得不应对下属突然遇到的麻烦，当天的“任务清单”可能会瞬间崩塌。无奈之下，同一项任务有时也要推迟。这是一位工作繁忙的管理者极有可能遭遇的情况。

因此，优秀管理者需要具备的日程管理能力，不是单单面对今天的任务，而是要把握本周内需要完成的工作，并以周为单位详细检查工作任务；同时还要**平衡自己的工作**。这就需要管理工作具有灵活性，在工作中留有余地。

以对开页的方式俯视一周的工作，这是部门主管的职责，也是全面把握工作任务的行为。

记事簿的具体记录方式在本书142~143页做了归纳整理，并附了样本模板，大家可以将自己的业务记入这个模板，希望有助于加深大家对经营管理理念的理解。

图6 一周工作任务管理案例

左页　　　　右页

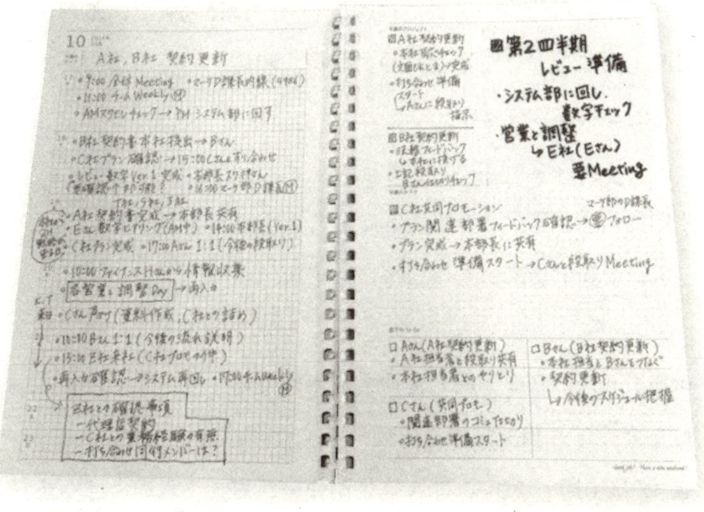

左页记录的
是根据右页内容
分类整理出来的每日的待办事项

待办事项右页记录的
是同时运行的多个项目的各个
任务清单，以及下属的工作计划表

※模板见142~143页

最重要的是右页的内容。
横向对照着右页的一周任务清单来确认并推进左页的每日工作任务

下属的日程安排也要记入记事簿

上一节提到希望将下属的日程安排记入对开页的周计划列表，对此，本节想做进一步的阐述。

首先，在对开页的右页，也就是一周工作计划页上，整理出下属本周的主要业务和外出计划，并据此做出相应的待办事项列表，记录到左页的每日工作安排中。

例如，指示下属 A“制作下周五营业会议所需的资料”，这种情况应该记录到记事簿的工作安排，如下所示：

- **右页：A →制作下周五营业会议所需资料**
- **左页：与 A 相关的待办事项**

■ **17 日（周一）9:30 与 A 商议制作资料事宜（本周内提交草案）**

■ **19 日（周三）询问 A（简单确认进展情况）**

■ **21 日（周五）13:00 与 A 见面确认资料草案**

大家可能注意到了，作为部门主管的待办事项列表，不仅仅是为了让自己行动起来的计划表，它真正的意义是：

- **让下属完成某项工作的待办事项（给下属布置工作）**
- **把握下属的工作状况的待办事项（管理下属的工作进展）**
- **管理整个团队工作进展的待办事项（俯视和管理）**

与经营管理相关的待办事项恰恰应该记录到部门主管的待办事项清单中（图 7）。

如果还像普通员工时那样，只是从自己行动的视角出发，要实现调动他人创造业绩的目标是远远不够的。这一点大家应该能够理解。

虽然计划让下属准备下周五营业会议所需的资料，但下属并没有如你所期待的那样去行动。如果出现这样的情况而自己不能及时把握的话，很可能会影响会议预期。

“总是手忙脚乱地应对下属的突发状况……”

有这样的烦恼和感慨的管理者，大多没有把握好让下属着手工作的恰当时机，或者没有中途确认进展情况。**管理者避免陷入这种手忙脚乱处境的对策有很多。**

首先，请记住，在做工作日程安排时，“调动下属行动”的待办事项表要优先于自己的待办事项表。

我认为将这些记录到记事簿中并放置在办公桌上随时能看到的地方，是提高管理者工作的机动性的有效办法。

我在之前的著作《优秀管理者的教科书》中曾写过，将下属的日程安排记录到记事簿中，预先把握整体工作，**有利于顺畅地沟通，**也能有效增加与下属的交流“量”。

图7 管理者的待办事项表与普通员工的待办事项表不同！

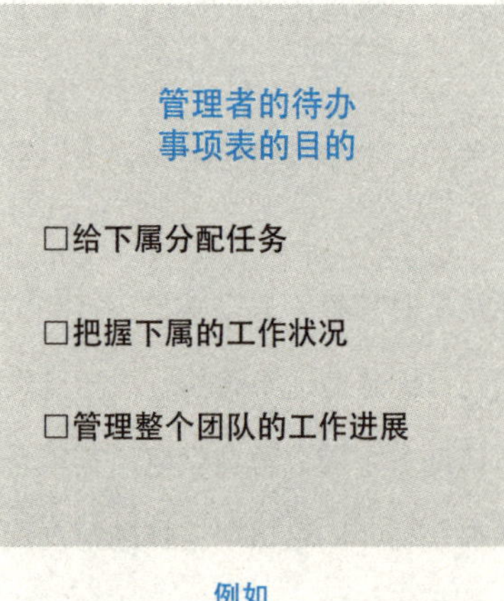

例如

□准备周五的营业会议的资料

普通员工

□确认资料制作的要点
□收集制作资料所需数据
□制作资料
□请上司检查

有关自己行动的待办事项表

管理者

□给A布置制作资料的任务并传达要领
□指示其他成员向A提供相关数据
□中途检查A的工作情况
□安排C确认资料内容并按人数打印

调动他人行动的待办事项表

待办事项表的使用方法也会发生很大变化。
在安排和记录工作任务时要时刻有“调动成员创造业绩”的意识

为了与下属建立工作上的信赖关系，管理者应谨记“日常 5 秒的日积月累胜过偶尔的名言警句”。

记录了下属工作任务的记事簿，会成为你们之间沟通的素材本。对于前面提到的 A 的情况，在对开页的记事簿的左页应有这样的内容：

■ 19 日（周三） 询问 A（简单确认工作进展）

这个记录不仅发挥着确认工作进展的作用，同时也是**与下属间重要的交流机会**。

虽然可能只有几分钟，但在那天工作的 8 小时中，这会成为极其重要的时间。

（引自《优秀管理者的教科书》）

未来的时代，可能会有更多的管理者拥有异性的下属。很多管理者会烦恼：那句话会不会被误解是骚扰……职场中能涉及多少私人话题？但是，如果有了前面介绍的计划安排表，这种担心和烦恼就不需要了。

因为，只要你以工作话题为中心来增加交流量的话就没问题。无论你们在聚会的场合多么友好地交谈，但在日常工作中不给予下属辅助和支援的话，下属恐怕是不会对你敞开心扉的。

与其那样，不如日常多增加业务方面的交流，努力建立彼此间的信赖关系。希望各位能在工作中切实感受到把握下属业务情况以及待办事项表所发挥的作用。

制作“分配给下属的工作列表”而非“自己的工作列表”

上一节中讲到了不仅要把自己的工作而且也要把下属的工作记入记事簿进行管理。在这一节，我们在重新认识“向下属分配工作”这一管理者的职责的同时，进一步做深入的说明。

作为管理者，一个非常重要的责任就是“培养下属”，对于这点想必大家没有异议。

那么，具体怎样培养呢？

部门主管本身就很忙碌。

除了管理工作之外，还有自己的工作，大量“应该做的事情”。在如此状况下要认真完成培养下属的任务，就应该考虑尽可能将更多的工作交给下属去做。

我曾多次提到，部门主管的工作是要“调动大家的积极性来创造业绩”。如果只是自己拼命努力的话，下属是很难成长的。部门主管要时刻提醒自己“是不是又做了下属该做的工作”。

所以，要运用手写记事簿，一步步学会“放手”。**转变思想不是件容易的事，但改变记事簿的“内容”就简单多了。**

首先，把本周要做的工作列个清单。

然后，仔细检查这个任务清单中有没有应该交代下属去完成的工作。

自己做的话会做得更好、更快、更放心，这种执念必须要摒弃。

比起自己亲自做，交给下属去做可能效率会低，会更费时，有时还可能会失败。

但是，上司的工作不是不允许失败，而是能预见到下属可能会遇到的挫折和失误，并在此基础上给予援助从而促进下属成长。人是从失败中学习的。该交给下属的工作就交给下属。我认为这是培养下属的核心要义。

秉持着这样的观念，**从任务清单中选出相应的事项，交代给下属去做，并整理记入记事簿。**

我们以前面提到过的“让 A 准备下周营业会议资料”为例来进行说明。

●对开页中的右页：下周五营业会议的资料准备（本周内完成草案）

在这里要停下来，想一下，资料的准备是不是可以拜托 A 呢？

然后，决定把这件事交给 A 去做。

决定了之后，就可以把右页 A 的相关日程安排如图 8 所示那样记入记事簿。

图8 从待办事项列表中删除“自己不必亲自做的事情”

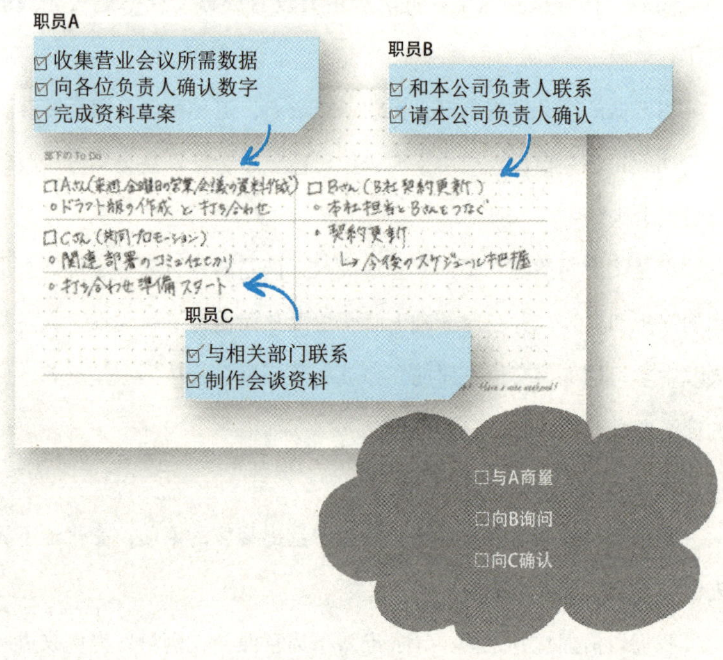

- 右页：A→制作下周五营业会议的资料
- 商量草案的制定

接下来，就要考虑布置完工作后的时间安排，这时候就需要运用管理者所特有的管理思维。

因为A是第一次准备资料，他可能较通常会需要更长的时间和过程。部门主管需要考虑这些具体情况来安排和把握工作进程。

“下达指示的时间最好早一些。如果这周内要看到资料的话，根据这个时间节点，那么周二一早就要询问一下‘怎么样，有没有什么不明白的地方’，然后，周五要碰个头，确认资料草案，以保证下周能完成。学会假设最坏的情形，即使出了问题，这周内如果发现了还有时间去弥补。”

基于这样的思考，记事簿的左页应是如下内容：

●左页：与 A 有关的待办事项

■ 17 日（周一）9:30　与 A 碰头，交代资料准备事宜（本周内完成草案）

■ 19 日（周二）　向 A 询问（简单确认进展情况）

■ 21 日（周五）13:00　与 A 共同检查资料草案

对于 B、C，也同样地将分配给他们的工作记入左页的待办事项列表。

这么做就是出于培养下属的目的，将自己的“待办事项列表”转换成“分配给下属的任务列表”。

为了调动下属积极性、创造团队业绩的三个步骤为①**下达指示，**②**确认进展，**③**提前检查**。这也是利用对开页的记事簿来完成任务管理的三个步骤。

“分配给下属的任务列表”有以下几个要点：

要点一，任务管理要与下属的能力水平相适应。

如果下属是新人，就需要在工作安排上留有余地，以备应对临时出现的状况；如果是老练的下属，只需下达指示即可，中途无需过问，刚才提到的“②确认进展”这一步就可以省略。

在考量了下属的能力和水平的基础上制定待办事项列表的过程，也会不断提高管理者的管理能力。

要点二，为了确保管理和支援下属工作的时间，对于记事簿中自己的待办事项列表要事先留有余地。

部门主管积累的经验越丰富，记事簿上自己的待办事项就会变得越来越少。

对下属工作的支援和帮助、对工作整体进度的管理等记入记事簿上的内容，其核心是对“分配给下属的工作”的管理。

比起自己的待办事项表，要优先考虑下属的待办事项表。

比起自己的日程安排，更重要的是下属的日程安排。

并且，通过兼顾整个团队的多项任务，记事簿会发挥如指挥塔一样的作用。这或许是优秀管理者运用手写记事簿所追求的最终目标。

只需看看年度计划表，便能从忙得不可开交的工作中解放出来

被眼前的日程安排、交货期限、截止日期等搞得手忙脚乱可能已经成为一种工作的常态。我建议部门主管突破通常以“天”或者“周”为单位的日程规划，将日程安排的时间跨度拉长，以“年”为单位来纵览自己的工作。

每个公司的结算期都是固定的，中期结算的时间也是确定的。

假设公司每年于 3 月进行结算，那么大致的流程是“一般从 12 月末开始准备年终总结、1 月开始制定下一年度的预算”，据此我们可以预测出工作的繁忙期。这样，**尽管平时可能会感觉忙得不可开交，但也有很多工作是能够提前预测的。**

只要把握了工作的流程，便不会总感觉被工作追赶着，而变成主动追随着工作日程。

这样一来，工作方法就不再是“对症治疗”。这无论对经营管理还是压力的缓解都大有帮助。

这正是部门主管所需具备的“俯视工作”的视角。而手写记事簿

的年度日程表恰恰是帮助我们俯视工作的最强有力的工具。

让我们尝试一下使用年度日程表来俯视一年的工作计划。将相关的工作日程以一年或半年为单位记录在记事簿上，可以看到怎样的工作流程呢？

“新年刚结束马上就进入了 2 月；经历了 3 月结算前的紧张忙乱；新入职的员工刚刚习惯了公司工作就到了暑假；考虑完秋季的商业大战转眼就到了年末。”

循着这样的思路，**在对一年的工作有一个大致感受的情形下，请将你设想到的待办事项记入年度日程表中。**

- **股东大会、IR 活动、公司大会、分店长会议等全公司的大型活动**
- **与自己所参与的项目有关的重要时间节点**
- **人事考核、招聘面试等每年都会发生的事件**
- **销售额结算相关的工作和会议等**

将上述大量工作记入年度日程表，可以帮助我们纵观全年工作安排中的忙碌期和相对松缓期（图 9）。

如此一来，我们便能够掌握以下技巧：

- **预测繁忙时段，合理安排工作**
- **掌握恰当时机，下达工作指示**

这不仅能提高我们的管理能力，**还能帮助我们预测繁忙时段，提前做好相应的准备**。

甚至，如果能够事先了解工作的忙碌期，我们还可以督促下属错开忙碌期提前休假。

图9 俯视年度日程表

2016 年度事件			
第一季度	4 月 □综合体检 □新员工培训	5 月 □股东大会	6 月 □应届毕业生招聘 □第一季度
	繁忙程度 高 ㊥ 低	繁忙程度 高 ㊥ 低	繁忙程度 高 ㊥ 低
第二季度	7 月 □研讨会	8 月 □暑假（短暂休假）	9 月 □分店长会议 □第二季度
	繁忙程度 高 中 (低)	繁忙程度 高 中 (低)	繁忙程度 (高) 中 低
第三季度	10 月 □人事变动 □展览会	11 月 □全体大会	12 月 □展览会 □第三季度
	繁忙程度 高 ㊥ 低	繁忙程度 高 ㊥ 低	繁忙程度 (高) 中 低
第四季度	1 月 □筹划制定下年度预算方案	2 月 □经理会议 □探询人事变动情况	3 月 □决算 □第四季度
	繁忙程度 高 ㊥ 低	繁忙程度 高 中 (低)	繁忙程度 (高) 中 低

※模板见144页

一年中要发生的事情很多是可以预测的。
有了这个预见性的日程表，我们可以提前预测忙碌期并做出相应准备特别是身为部门主管，需要从全局把握下属的工作、团队的工作和自己的工作等。那么这个可以了解全年繁忙程度的日程表对于经常需要同时处理多项任务的部门主管来说，是不可或缺的重要武器。

这个日程表的另外一个好处是让我们能一下看到全年的信息。它**像一张数据图一样**，使一年的工作任务和流程更直观和形象。将一年的工作流程像一张数据图片一样输入大脑，在需要的时候从大脑中调取数据信息，可以帮助我们制订计划或做出合理的商业判断。

除了下属、团队和自己的工作以外，**部门主管的工作还有一个特点，那就是还有许多“其他的工作”要处理**。

比如，在决算前或年度计划公布之前，突然被临时指派很多任务。

每当这时，我们可能都会心急如焚，心想：唉，总是突然冒出些工作，搞得我总也没有时间做自己的工作！但是，如果我们能从这样的经历中汲取经验，俯视自己的日程安排的话，就能将一些看似突如其来的工作预先纳入自己的计划设想。

比如，如果能提前预见到**“某月的最后一周需要向上司汇报，为此时间安排上的变数会增加”**，我们就可以将其他工作提前，或者采取其他一些措施来做出适当的调整。

再加上现在越来越多的女性进入职场，下属因休产假和育儿假等离开工作岗位，或者缩短工时的情况也不断增多，若能将**“今年从某月开始有下属会缩短劳动时间”**等人力资源因素也尽可能纳入年度日程安排的考量中，我们就能更好地整合团队分工，做好相应的心理准备。

能否预见和掌控全局，是评价部门主管管理能力的重要因素。

如果你是一位部门主管，最理想的是以一年为单位，或者至少半年，掌握所有可能发生的事项的大致流程和待办事项，并将其可视化。

虽然可能很多人都觉得纸质记事簿中的年度日程表是没什么用的附带品，但对于部门主管来说，它是对我们的工作大有帮助的重要一页。本书的 144 页提供了年度日程表模板，希望它能在你的工作中派上用场。

善用便笺和笔记的“辅助术”，有助于培养管理思维

想必很多人都在使用便笺。

我也是便笺的重度使用者，可以说如果没有便笺，我的工作简直无法进行。而且，便笺能让部门主管更有效地利用记事簿。可谓“小便笺，大功效”。

在对开页的两页有限空间里，我们可以利用便笺将接二连三不断出现的各类“追加事项”“确认事项”“未解决事项”“新点子”等补充或者叠加在记事簿上，从而可以实现在有限版面中管理整个工作，达到运筹帷幄。因此，对于部门主管来说，**记事簿＋便笺可谓是绝佳组合**。

虽然电脑上也确有便笺工具，智能手机中也有备忘录程序，但我的观点是：

- **纸质记事簿是管理工作的平台**
- **手写功效加上平台的归纳整理功能，可实现有效的管理**

在这两个理念的基础上，重要的是养成习惯，平时想到的事情或者问题和困难等都要马上记在便笺上，并贴在记事簿中。纸质记事簿会成为助力部门主管工作的“指挥塔”。

并且，有些事情即便我们自己忘记了，记事簿全部都会为我们记得。这会给我们的工作带来安全感。

便笺最大的特点，就是可以多次粘贴。

如果某一张便笺上的工作内容要持续到下一周，那么只需将它取下贴在下周的日程表上即可。

例如，我们可以将会议上悬而未决的事项记在便笺上并将其贴在记事簿中。如果这项必须解决的工作一直未被攻克，这张便笺就会一次次地被我们贴在下周、下下周的日程表中。便笺慢慢变得皱皱巴巴，而皱皱巴巴的便笺会刺激我们下决心无论如何都要尽快解决问题，不要让这样的便笺再增加……

这样一来，便笺又增加了一个督促和鞭策我们工作的功效。

在使用记事簿把握整个工作方面，还有一点应该有效利用，那就是**记事簿的空白部分**。

因为是手写，所以不管是横着、竖着、斜着写都非常方便自如，可谓随时随地，随心所欲。电子记事程序的弱点就是难以编排倾斜的书写方向，这就更突显了纸质记事簿的优点。回归纸质记事簿在很大程度上提升了部门主管的机动能力。

如各位所见，我们平时使用的工具以及我们日常做的事情可能对大家而言都是再平常不过的了。

但是，再次审视我们习以为常的事情，并**把记事簿作为管理工作的平台，让它发挥最大效能**，部门主管的这种新的发现和意识，才是运用便笺和记事簿空白处的核心所在。

越是承担多项任务的部门主管，由于需要俯视整个项目，熟练处理多项任务，带领团队创造业绩，肯定就越能感受到那些原本习以为常的事情带给我们的意想不到的益处。

使用邮件软件，在平面维度管理工作计划表

在多样化管理中，区分使用模拟工具和数字工具的另一个要点是，时间管理需要的不是模拟工具，而是邮件软件的功能，即利用数字化工具在平面维度管理时间。

笔者在日程管理工作中曾使用的是微软公司的 Microsoft Office Outlook®。现在的很多邮件软件都附带计划表功能，并且有些还可以免费使用，只是其窗口界面的设计大同小异。

不仅是部门主管，工作这件事本身的基本要求就是要确保所需时间来推动工作进展。

17 日（星期一）9:00 ~ 10:30 与 A 公司开会

18 日（星期二）10:00 ~ 11:00 营业会议

20 日（星期四）14:00 与 B 公司开会

16:00 与 C 公司进行磋商

比起用文本和记事簿来管理日程，对于会议这类有他人参与的某一天的时间管理，利用 Outlook 中的计划表能帮助我们更有效地利用时间。这是我的切身感受。

图10 部门主管在平面维度管理时间

	星期一	星期二	星期三	星期四	星期五
	17日	18日	19日	20日	21日
8					
9	会议 团队会议	与上司开会 经营会议	部门会议	准备研讨会	
10					
11				D公司电视会议	B公司
12					与小C吃午饭 会议
13		市场部公司内部会议	A会议室	研讨会	
14		报告会			公司
15		G公司			
16	与下属开会				
17					

在平面维度下，一周的计划表一目了然，
能直观把握自己的忙碌程度和时间安排

我之所以明确表示非常喜欢 Outlook 软件的日程管理界面，是因为**如图 10 所示，它可以在平面维度把握时间**。像学校的课程表一样，**什么时间有空、什么时间没空一目了然，方便我们直观感受和把握自己的时间**。

从管理的角度来看，使用电子软件管理时间的另一个优点是：可以有效利用邮件软件的功能，将不同的任务用不同的颜色区分开。这样我们便可以快速而清晰地了解自己现在将时间更多地用在哪个项目上，哪个项目分配的时间较少。

对于经常需要同时处理多项任务的部门主管来说，这种邮件软件的日程管理功能不管是从项目管理的角度还是从时间管理的角度来看都非常便捷。

下一节我们将介绍电子日程表之所以适合部门主管使用的理由。

适时暂停工作计划以保证独处时间

从管理的视角来看，邮件软件的日程表功能的另一个优势是可以在网络上向团队成员公开展示自己的计划表。

通过公开日程表可以让下属了解自己的日程，例如，下属了解到“田岛部长今天一直不在公司，看来今天无法和他讨论工作了”。这样的信息会帮助下属更有效率地安排什么时候和主管会面。这无疑是数字化工具的优点。

但是公开日程表也会带来一些弊端。相信很多部门主管都遇到过这样的情况：在不知不觉中日程表就被各种会议、下属面谈等填满了。毕竟越是管理岗位，会议就越多。但是正因为是管理岗位，才更应该**确保自己的时间，去完善战略、思考策划等，而这些时间所做的事情是“非紧急但极其重要的工作”**。这种时候，**我们就需要时间独处，暂停工作计划。**

19 日（星期三）13:00 ~ 14:00　A 会议室

管理者虽然不能频繁地待在会议室里闭门不出，但是**偶尔“消失**

一下”还是必要的。

通常管理者在办公室时会不断有下属来找自己或者要接听客户的电话，导致自己的注意力和思考常常被打断。但如果待在会议室，这样的情况便不复存在。而且因为是在会议室，所以即使下属有紧急事情也可以通过内线电话联络到自己，自己可以立即回到办公室进行处理，不需要有这方面的担心。所以说，会议室对于部门主管来说是一个非常方便且实用的空间。

当然，有时可能想去附近的咖啡馆，顺便转换下心情。但是，因为部门主管常常需要即刻处理一些紧急事件，所以这并不是一个很好的选择。

在会议室里能够随时处理工作，更有安全感。这要比在咖啡馆收到短信或来电时战战兢兢、偷偷摸摸地处理工作更有效率。

暂停工作计划还有一个好处，即**它可以确保我们与下属交流的时间**。

自天下属经常外出办事，而我们也会因各种会议总不在办公室，这就导致很难有足够的时间和下属交流。因此，我们可以在日程表上将工作告一段落后的傍晚一小时左右预留出来作为与下属交流的时间。下属可以利用这段时间与上司进行交流；相反，上司也可以利用这段时间找工作状态欠佳的下属谈话，或者和工作出现问题的下属一同反思。**这个时间对团队整体工作来说是非常重要的**。

英文的“outlook”有“展望”“眺望”之意。以平面维度来掌控时间，像填空一样管理时间和任务，这样我们便可以在展望整体的基础上开展工作。这类软件对于部门主管来说可谓是一项“必杀技”，请各位务必充分利用。

小专栏

关于部门主管待办事项清单的 8 点注意事项

现将之前章节中介绍的内容做一下整理。

总结出在工作日程安排时的 8 点注意事项如下。

1. 下属和团队的计划应优先于自己的计划。

2. 在做计划表时不要把日程安排得过满，应留出时间以应对突发事件。

3. 每天应预留出一小时和下属沟通的时间。

4. 对于分配给下属的工作，在日程安排上要为确认进展、事前检查等留出富余时间，通常是自己做这项工作时间的两倍。

5. 上司的日程安排表应以支援和辅助下属的工作为中心。下属越是忙碌，上司越应在工作现场。

6. 上司通常要有预见性，要领先下属一步。在做计划时，要由今天考虑明天，由本周考虑下一周的工作安排。

7. 切记不要随意召开团队会议，下属也很忙，尤其不要因为自己的事情而召开团队会议。

8. 部门主管越是忙碌，就越需要确保自己的时间。优秀的管理者必须有“闭门”思考的时间，因此在日程安排时要为自己预留出所需时间。

只需稍微改变记事簿的使用方法，我们的认识就会自然而然地转变到“部门主管的工作”的角度。大家赶快来实践一下吧！

特意将计划抄写到纸质记事簿的意义

下属把与客户的会议安排等新的日程输入 Outlook（电子邮件软件）后，我会例行将其抄写在自己的纸质记事簿上。

打开记事簿，可以看到在对开的两页上有一星期的日程安排，我会将 Outlook 上的计划表眷写到左页上。

17 日（星期一）9:00 ~ 10:30　与 A 公司开会确认进展
18 日（星期二）10:00 ~ 11:00　营业会议
19 日（星期三）13:00 ~ 14:00　与市场部召开公司内部会议
20 日（星期四）14:00　与 B 公司开会签约
16:00　与 C 公司进行磋商

因为是抄写完全相同的内容，所以有些人可能会想：一件事为什么要花两次功夫？这样不是效率很低吗？

包含了所有信息的纸质记事簿对我而言是工作的指挥塔，有这一本就可以了解工作的所有事项。正是出于这个原因我才坚持抄写的。回顾之前的工作经验，我认为这样做不仅是汇总信息，手写本身的行为就具有特殊的意义和功效。

其功能之一是，通过“手写”这个行为会感觉工作由别人的事情提升成为了自己的事情。

把别人列好的日程安排表抄写到自己的记事簿，这一例行程序可以提醒自己团队要进行的工作，不觉间提升了自己的责任感。

当工作的责任感提升后，我们便能自然地联想到很多相关的待办事项与未解决事项。比如：

“部长好像上次也参加了与A公司的会议吧？”

“星期四和B公司的会议要带上估价单，这个下属能不能及时做完呢？得和他确认一下。”

想到这些，在抄写日程表的时候就会同时将给下属的指示和自己需要确认的事项等一并记录到记事簿中。

这便是抄写日程表的第二项功能。

将 Outlook 中的日程安排表誊写到记事簿中，让我们有机会再一次调整和完善工作安排。

当然，记录到记事簿中的内容，不仅有给下属的指示，还会有给自己的一些小提醒。

例如这样的内容：

“今天在公司内工作，可以穿得稍微随便一些。”“今天要与重要的客户开会，一定要穿正装。”

虽然男性服装不及女性服装变化多端，但在如今的时代，每家公司可能都有不同的着装规定。

比如有的公司要求必须打领带；有的公司只要求穿上正装外套便

可；还有的公司夏季要求穿简装，若盛装出席反而会非常失礼，所以前往时无需戴领带，只穿衬衫即可。总之，如果我们能够根据与对方公司会面的时间、地点和场合做出相应的调整，那么工作一定会进行得更顺利。当然，这些行动指南不仅是对我们自己适用，当有些下属因忙于准备会议资料而无暇考虑着装时，我们也可以顺带提醒一下。

可见，将网上或者电子软件中的日程安排抄写在记事簿中，这种行为发挥的效能比我们预料的强大很多。

部门主管平时要和自己的下属、上司以及相关部门的很多人打交道，为了让我们参与的每项工作都能出色完成，请各位一定要实践这项技巧。

小专栏

为何说手写非常有效？

运用记事簿等模拟工具工作的根本要素就是“手写”。本书介绍了很多基于手写的具体策略。那么，关于手写的效能是否有相应的科学依据呢？下面就来介绍一些。

事例 1

普林斯顿大学的帕姆·A. 缪勒与加州大学洛杉矶分校的丹尼尔·M. 奥本海默进行了一项研究，二人通过实验探讨了“使用笔记本电脑记笔记是否会对整体概念的理解以及新信息的记忆带来负面影响”这一课题。

他们将来自普林斯顿大学的一些学生作为实验对象，让他们集中在同一个房间内观看几部 TED 演讲视频。

实验对象被要求在观看演讲视频时按照自己平时上课记笔记的方式来记笔记，使用电子设备或手写笔记均可。观看结束后，关于演讲内容实验对象被要求回答两组问题，一组是让实验者回忆相关事实的问题，另一组是测试对概念的理解程度。

最后，使用手写方式记笔记和使用电子设备记笔记的学生们的得分情况出现了很大差别。使用笔记本电脑的学生倾向于在讲座期间记下长句子，几乎接近于转录视频内容。

而在有关概念理解的问题中，使用手写方式记笔记的学生们取得**了具有统计学意义的更高成绩**。（回忆相关事实的问题的实验结果差异不具有统计学意义。）

小专栏

※ 钻石出版社哈佛经济评论：《为何手写笔记要胜过笔记本电脑？》2015 年 11 月 5 日内容摘要。原文：“The Pen Is Mightier Than the Keyboard: Advantages of Longhand Over Laptop Note Taking”（Pam A.Mueller and Daniel M.Oppenheimer,Princeton University and University of California,Los Angeles）

小专栏

事例 2

哈佛大学与耶鲁大学曾联合进行过一项关于目标的研究，此项研究常常被人引用，但也有人指出其缺乏依据。为了弥补此项研究的缺陷，加州多明尼克大学（Dominican University of California）的心理学教授盖尔·马休斯（Gail Matthews）希望用科学证明“书写”与“和他人分享目标”的效果。

研究发现，**将目标写在纸上、告诉别人并不断向别人解释自己的目标的人，其实现目标的可能性要比只单纯设定目标的人高出 33%。**

为什么说“将目标写下来”更有效果？我将为对此感兴趣的读者具体讲解。书写这一行为会刺激脑干网状活化系统（RAS）中的大量细胞，RAS 就像是一个过滤器，它在大脑需处理的所有信息中筛选出那些需要瞬间主动地集中注意力的信息，并将它们作为重点处理对象。而书写这一行为恰恰会创造出很多“需要瞬间主动地集中注意力的内容”，让大脑重点处理。

※Lifehacker《为何手写比打字更有效？》2013 年 2 月 4 日内容摘录。

用一张 A4 纸能够管理 5 个星期的多项任务

对于部门主管来说，**同时处理多项任务**是一项必备技能。

奋战在工作一线的同时，作为管理者还需要确认和检查下属们的工作进展，在必要的时候还要辅助下属工作、帮助解决麻烦和问题。这就使得部门主管常常需要在同一时段处理多项任务。

因此，作为部门主管需要具备把握全局和现场状况的多任务管理能力。

大家回想一下前面介绍过的以“周”为单位在对开页的记事簿上所做的工作计划表，其中右页所列的是各个项目在这一周内的待办事项清单。这个办法对部门主管非常重要，因为这样我们可以对本周需要同时处理的多项业务一目了然，实现多任务管理。

接下来再介绍另外一种形式，便于在更长的时间跨度上安排和管理多项工作。

例如，面临下面这种情况时：

■在 30 ~ 40 天期间，需要同时处理多项（3 ~ 5 项）任务，且各项任务要求的截止日期不同

这时要登场的工具是 A4 纸或记事簿和备忘录。我很喜欢使用打印纸的背面，在上面画出表格、手写具体内容，以此来管理多项任务。例如下面的形式：

- **纵轴为时间轴：按照 5 个星期分成 5 份**
- **横轴为任务轴：把与 A 公司续签合同、执行与 B 公司的共同项目、准备预算会议等不同的工作任务分别标记到相应的时间段中**

读到这里，可能有人会想：这种表格用电子软件做不就可以了吗？但实际上，纸质表格不管是可书写的信息量还是使用方式的便利程度，都更胜电子软件一筹。在纸上书写要比使用电子软件自由得多，所以使用纸质日程表能够管理更加复杂的多项任务。这也算得上是尝试过微软的 Excel 日程管理软件的笔者的经验之谈了。

我们可以在手写表格中记载如下信息：

1. **各项任务的截止日期（正式实施的日期等）**
2. **由截止日期倒推出的各项任务的待办事项**

只需写下这些，多任务管理便会轻松很多（图 11）。

这样的表格虽然看似简单，但从多任务 + 业务管理的观点来看，它的最大优点是能清晰地呈现重要信息，让人一目了然。

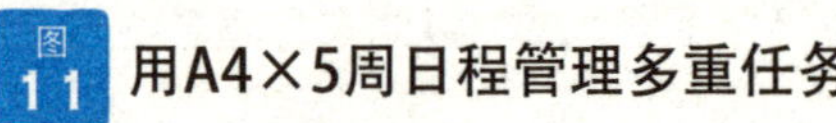

图11 用A4×5周日程管理多重任务

2016年10月10日 ～ 11月13日

	月	火	水	木	金	土	日
1週	10 A社文面レビュー	11	12 C社たたき台作成	13	14	⑮	⑯
2週	17 A社法務確認 B社文面レビュー レビュー用数値入力依頼	18 たたき台レビュー/修正	19	20 A社本社確認 B社法務確認 関係者共有	21	㉒	㉓
3週	24 スケでレ確認/システムに回す	25 B社本社確認 最終直し/完成	26 A社契約書完成 数値チェック	27 A社打ち合わせ準備 C社打ち合わせ準備 営業と調整	28	㉙	㉚
4週	31 部内レビュー/数字完成	11/1 B社契約書完成 打ち合わせ準備 C社打ち合わせ	2	3 A社打ち合わせ予備 レビュー資料作成開始	4	⑤	⑥
5週	7	8 B社打ち合わせ予備 上司レビュー/修正	9	10 レビュー資料作成	11 レビュー会議	⑫	⑬

タスク（プロジェクト）
- □ タスク1：A社契約更新
- □ タスク2：B社契約更新
- □ タスク3：C社共同プロモーションプラン提案
- □ タスク4：社内第4四半期予算レビュー会議準備

※模板见146页

将表格按照5个星期分开安排，便于为次月的计划早做准备。
非常推荐需要同时处理多项任务的部门主管使用

通过图 11 我们就能明白，将多个项目及其具体任务写在一张表格中，会为我们的工作带来如下便利：

- **能够俯视各项任务的整体工作量和各自的繁忙时段**
- **各项工作的繁忙时段一目了然，可以据此对日程安排进行微调**
- **因为表格是以 5 个星期来设定的，所以不受通常以“月”为单位的日历的局限，可实现跨月管理工作任务**

虽然同时处理不同类型的任务感觉很困难，但我们可以反过来利用任务种类的不同来实现有效的多任务管理。

比如，当我们需要**同时处理**诸如“与 A 公司续签合同”和“制作与 B 公司的共同项目的计划”等**不同类型的任务**时，便可以采取“上午集中检查与 A 公司的合同，借中午午饭时间转换一下心情，下午仔细推敲 B 公司的计划”的工作方法。

其重点是“有张有弛”与“集中注意力”。

在一天中安排处理不同类型的工作，不仅可以转换心情，还能让工作状态有张有弛。而且，短时间处理工作更能提升注意力。虽然对于人类注意力的限度这一问题说法不一，但依照本方法来安排日程应该还是比较有效的。

另外，据脑科学家加藤俊德说，比起同时思考两个主题，交替思考的“双螺旋思维模式”更能锻炼大脑中管理思维与脑功能的脑前额叶。

如此想来，多任务管理与运用双螺旋思维模式的“TT（时间与任务）表”的做法非常相似。

另外，如果是同时处理同种类型的业务，当发现“A 公司与 B 公司的资料，有一半可以使用同样的”时，可以省去一些工作，提高工作效率。

若将这一信息在团队内共享，便可提升整个团队的效率。这也是这张表格教会我的。

需要同时处理的工作任务越多，作为优秀管理者就越需要从“多维度”“多方面”进行经营管理。

因此，管理工具也应具有多种方式以应对不同的情况和需求。这样的计划安排表对于需要管理多项任务的忙碌的部门主管而言可以说是一件必备品。卷末附录的 146 页提供了这种表格的模板，希望它能在你的工作中派上用场。

手边常备公司组织结构图

当笔者还是一个部门主管时，便非常喜欢公司的组织结构图。

有些读者可能会感到不解，但组织结构图对我来说帮助非常大。

尤其在由跨部门的人员组成的临时团队工作时，组织结构图体现了非常重要的价值。当向客户做展示时，我们可以在 PPT 的最后一页制作一张幻灯片，向客户说明公司的团队运作体制；并在幻灯片上注明参与此项目的员工所属的部门，比如“营业一部的田中某某、营业二部的佐藤某某、市场部的铃木某某……”，并附上他们的照片，告诉客户就是这些员工在为贵公司努力工作，这也在一定程度上达到了向客户宣传自己公司的效果。

如此一来，也会获得客户的好评。

认识到自己周围所拥有的资源，以及能够给自己提供帮助的人，这点非常重要。

作为部门主管，为了调动人力、安排工作，从那以后我就开始常备组织结构图了。

成为部门主管之后，你会发现，仅仅依靠团队内部的资源，是很难完成工作的。

比如，营业部经理如果只做营业活动肯定是不行的，还需要具备专业的金融技术来管理销售额与预算；如果需要向客户进行技术说明，还需要技术部门等的援助。

笔者在担任部门主管时也是一样，当我意识到自己的工作需要借助其他很多人的力量才能完成时，我就越发将这包含丰富资源的组织结构图视如珍宝了。

组织结构图固然重要，但也无需特别对待。

当有人事变动或职位调整时，会更新组织结构图。**你只需把公司或部门新发的组织图和座次表（最好是有内线电话号码的）收好就可以了**。当然，虽说是公司内的组织图，但毕竟涉及个人信息，所以务必要妥善保管。因为我从没有将记事簿带出过公司，所以组织结构图就一直夹在记事簿里。

在思考项目运行方式时，看看手边的组织图，脑中可能会浮现出一些调用人力的想法。比如："如果这个部门的人能协助我们工作的话，这个提案的含金量会增加。"

我是在刚刚担任营业部长时的一次重大工作失败中才意识到组织图的重要性的。

刚刚当上部长时，没有完成销售任务，上司要求我做一份挽回损失的模拟方案。

当时我还不清楚部长的职责到底是什么，一心觉得任何事自己都必须亲力亲为。于是在不具备专业技能的情况下拼命处理各种数字。不出所料，我把错误的数字汇报给了上司，甚至还在公司总经理面前做了展示。

我从这次险些被解雇的重大失败中认识到：术业有专攻，工作中不同领域的内容一定要找该领域的专家来做。比如这次失败，原本就应该请公司财务部门帮助做相关的模拟数据。

也正是因为经历了这次惨痛的教训，我开始喜欢上组织结构图了。

公司中有很多专业人士，借助他们的力量确实能提升工作质量。甚至可以说，**部门主管的能力与可以借力的公司内的人力量成正比**。

正因为如此，在制作此前介绍过的“分配给下属的工作表”时，组织图也会发挥作用：

“或许可以请教制造部门的某某。”

“系统部门的某某可能了解这方面的情况。”

当然，组织图不光可以横向看，还可以纵向看：

“组织部部长以前好像是我们上司的直属下属，我们可以通过上司和部长的介绍来请组织部的某某帮忙。”

作为部门主管，借助公司内部资源的力量，更快、更有效地完成工作，这也是工作的乐趣之一。部门主管的工作就是要调动他人的力量创造更好的工作业绩。从这一点来看，我非常建议各位充分利用自己公司的组织结构图。

第3章

使“沟通”得以顺畅进行的笔记术

手写为文件资料“注入生命力”

正如第 1 章中所言，我在履行部门主管职责时，感受到了作为交流工具的数字方式的极限。

虽说如此，也并非要逆时代潮流，提倡“今后部门主管全部手写资料吧”。

由于 IT 技术的发展，白领职员的工作效率得到了大幅度的提升。由于年龄的差距就对技术敬而远之，对商务人士而言是极大的损失。

但是，升任部门主管后，数据、资料的使用目的由“为己所用”升级到“为众所用”，变化很大。只是分发 Excel 数据，或者将其添加到邮件中，又或者只是在网络上共享，这样并不能说是完成了工作。

- **下属不能如自己所期望的那样理解数字**
- **只是把目标数字告知下属的话，下属无法达成目标**

从个人经验而言，我多次深切感受到，为了履行部门主管的职责，仅靠共享、分发数据是远远不够的。

例如，与上一年度相比，销售额出现了亏损，Excel 工作表中的数字都显示为红色。

也许，只是看到这个 Excel 工作表下属们就会倍感压力，动力锐减。但是，如果去年同时期有“特需”等特殊原因，或者虽然销售额下降但是盈利有所增加，这样即使以红色数据显示，也并非都是令人悲观失望的情况。

也就是说，部门主管的职责不单是共享信息，更需要让下属正确地理解、领会这些信息，并能全力以赴投入工作中。

不仅仅着眼于制作数据，**而且要传达数字背后的故事，添加一些使人易于理解目标意义的备注等，在促进沟通交流上下功夫才是部门主管最应该做的工作。**

因此，我在工作中不断实践，**通过手写来给资料注入生命力**。当然，有些应用软件上也带有手写备注的功能，比如插入标注框图形，在框内输入文本等，但是，如前所述，这是件格外麻烦的事。

Excel 本来是数据处理的应用软件，交流功能并不是其主要功能。

比如文字太小时，易出现变形；当出现多个标注框时，数据本身也很难看懂了……在实现交流沟通方面，数字功能无论如何还是存在一定的局限性的。

因此，我还是会将 Excel 数据打印出来，在空白处添加备注或意见，或者在便笺上写上补充信息，然后与团队成员共享。

这些补充工作，有效地增强了数字或者语言的表现能力。虽然数字看似客观，但根据每个人的不同解释其内容和含义也会有各种各样的变化，所以实际上还是具有主观性的。

用〇圈起来，在空白处手写补充信息，在希望大家予以关注的数字上做出标记，或是用便笺添加补充信息等。

通过这些小小的努力，可以给原本没有生命的数据注入“思想”。对下属而言，这才会成为一份“能够传达上司的意图和意志的文件”。可以说，**手写的意见能够传达上司的“热情”**。

在到处都是数字数据的文件和资料中，**手写的备注和意见会展现超乎想象的存在感**。

能够传递“热情”的意见或备注会给管理工作带来积极的影响。我将在下一节中进一步介绍具体的使用案例，一定会让大家感受到手写带来的管理效果。

向下属传达“数字背后的故事”

从管理的视角来看，Excel 等数据库应用的输出资料能够最大限度地发挥手写备注或意见的效果。我曾经在部门内的营业会议上充分利用过非数据化的“辅助术”。

在分发给大家的资料中，有“每位客户”的“每月销售数据”，并且按照“不同产品”列出了一年内的“实际业绩和预测结果”。

通过这样一份资料，每位业务人员不仅可以了解自己负责的客户，还可以清晰明了地了解其他业务人员的数据以及整个部门的数据。信息量非常丰富，以至于不使用 A3 纸打印就无法将数字等完整地显示出来。

营业会议的目的如下所示：

1. **所有会议出席者都正确地理解数字**
2. **将业务目标正确地分享给所有人员**
3. **主持会议，保证不让下属感到不必要的压力，在身心健全的状态下投入工作**

这 3 项是作为部门主管的我的职责。

因此，手写备注的目的是，在乍看毫无生机的数字罗列中，用非数据化方式进行补充，以使大家能正确理解数字。在我们部门内沿承下来的模式有，给希望引起注意的数字做个标记，在数字旁边添加来自营业人员的意见（图 12）。

另外，我们也通过手写方式补充仅凭数字无法看到的“背后的故事”。

- **A 公司这个月的业绩与上个月相比为什么出现大幅下降的趋势呢?**
- **产品 B 为什么与上季度相比销售额突然增长了?**
- **今年发展势头很好的 C 公司，年初目标就快要完成了，可不可以再增长一些呢?**
- **第三季度的部门整体预测与预算相比下降了很多，其原因是什么呢?**

类似这样，如果通过手写先将参加者想知道的补充信息写上去，就可以达到如下所示的双重效果。

- **会提升参加者的关注度，能更高效地推进会议**
- **能够将现场的实况传达给不能及时把握营业状况的管理层**

为了制作这样的资料，必然需要做好相应的准备。如果仅仅机械性地要求“请各自在截止日之前输入销售业绩和预测”，就不会获得真实的信息。

“这个数字真的达到极限了吗？”

“实际上还有缓冲余地吧？”

“畅销商品的数据核得上吗？”

图12 有些信息必须与目标、数字一起传达给下属

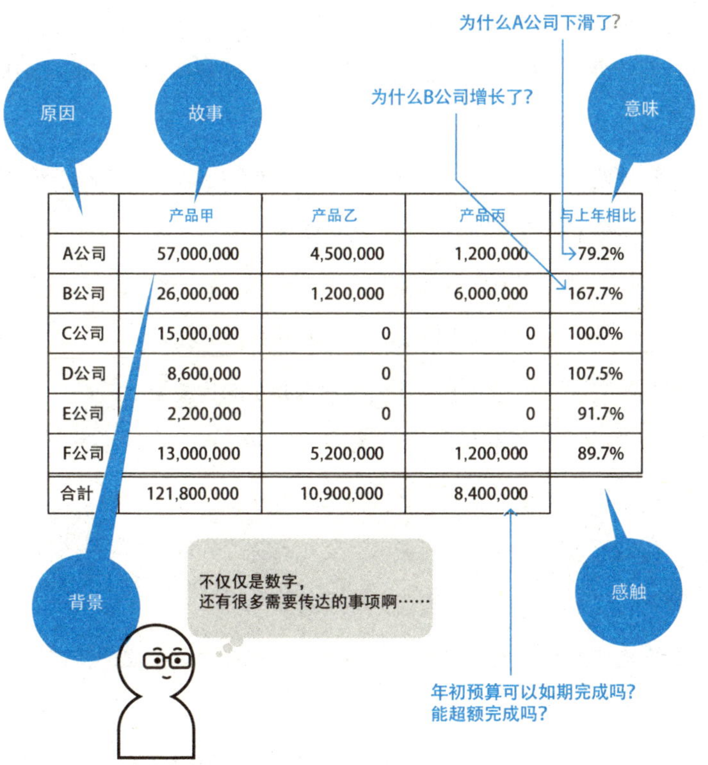

	产品甲	产品乙	产品丙	与上年相比
A公司	57,000,000	4,500,000	1,200,000	79.2%
B公司	26,000,000	1,200,000	6,000,000	167.7%
C公司	15,000,000	0	0	100.0%
D公司	8,600,000	0	0	107.5%
E公司	2,200,000	0	0	91.7%
F公司	13,000,000	5,200,000	1,200,000	89.7%
合計	121,800,000	10,900,000	8,400,000	

确认下属是否能够正确理解并认同目标和数字等重要信息，是否能够全身心地投入这些工作

如果不面对面交流就无法把握这些**数字背后的真实情况**。

因为对营业来说，销售数据就是“成绩单”。

上司也会认真对待，想尽可能心平气和地完成营业会议的心情也是可以理解的。只是通过邮件联络是很难敞开心扉把真正的想法表达清楚的。

在经历了无数次的失败后，**我开始走到每个成员的办公桌前，听取真实情况**。乍一看，会感觉效率不高，但最终这种面对面的交流显露出了成效。

“我必须要准备下周带去总公司的数据。所以，希望大家在最佳位置填写最近的销售额和预期销售额……”

但是预期设定过高不行，设定过低也不行。所以，我会在下属的座位旁俯下身来直截了当地询问**“真实情况”**。

起初他们对我有所警戒，但当我面对面地将我的诚意和真实想法传达给他们时，同一部门的成员逐渐将信息披露给我。

如此，我就能在建立了信任关系的基础上获得需要的信息，并且能在记录这些信息的同时，总结出数据背后的深意。

“啊，看来他的客户现在状况真的不好啊！”

“你们这边这个月非常不错啊。真想替你们好好宣传一下。”

这些状况是只有面对面交流才能了解到的。

这样也能给由于过于严肃而容易气氛凝重的营业会议稍稍带来一点积极因素。

这些身为部门主管的想法，可能是使我认识到手写笔记功效的原动力吧。

如果不能面谈，可以利用便笺进行交流

我在介绍记事簿的使用方法时推荐了便笺，而作为交流工具，便笺也是非常不错的选择。

“升任部门主管后，最好多多使用便笺。”这是我的切身感受。确实，我在当部门主管时不知道使用了多少易于读取文字的正方形黄色便笺。

为什么要多多使用便笺呢？其原因如下：

- **为资料和指示“注入生命力”**
- **辅助完成面对面的交流**

便笺确实是最得力的纸质工具（图 13）。

例如，在下属或上司不在工位时，如果需要将资料或者打印的东西放在桌上，必须贴上写有留言的便笺。这是严格的规定。

如果是交给上司的报告，可以加上这样的请求：

“这是与 A 公司的会议需要的资料。有些内容希望领导能够给

出指示，所以请允许我明天早上来找您商议。”

如果是交给下属的指示，可以加上这样的提醒：

“这是下午会议上要分发给大家的资料。其中对 ×× 的技术信息做出了通俗易懂的解释，所以发给大家，也可以共享给客户！”

类似这样填写上希望与大家共享的理由。

几乎没有人会忽视第一次看到的资料中所附的手写信息。

即使是稍微浏览一下资料的人也肯定会看便笺。正因为如此，才应多多利用便笺的价值。夸张一点来说，仅仅在资料上附上“一定要看啊！”的便笺，效果也是非常显著的。

图13 便笺对于部门主管来说是最得力的商业工具

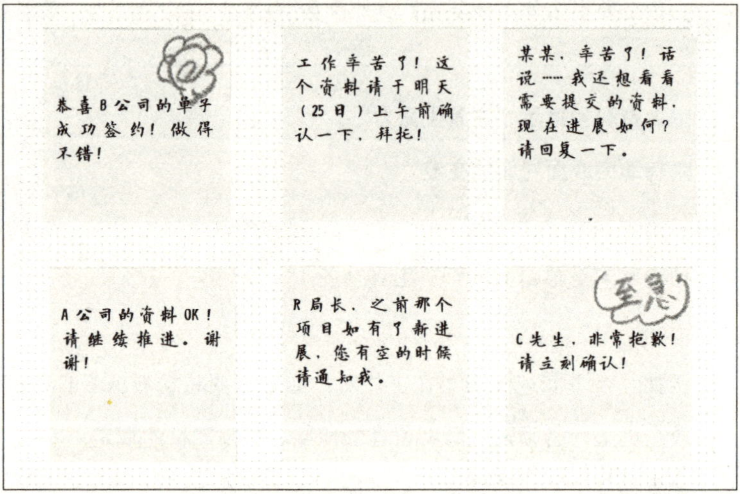

恭喜B公司的单子成功签约！做得不错！

工作辛苦了！这个资料请于明天（25日）上午前确认一下，拜托！

某某，辛苦了！话说……我还想看看需要提交的资料，现在进展如何？请回复一下。

A公司的资料OK！请继续推进，谢谢！

R局长，之前那个项目如有了新进展，您有空的时候请通知我。

至急

C先生，非常抱歉！请立刻确认！

借助便签进行的交流
会带来与面对面交流同等的效果

因为在指示工作的资料上附了便笺，并写上了大致的时间安排，因此，也有下属会将我贴的便笺直接贴在他自己的办公桌旁。例如，写着**“□ 19 日（周三）傍晚之前，请告知我进展”**等信息的便笺，摇身一变就成为了容易忘记截止日期的下属的待办事项表。

另外，便笺还能强有力地支持面对面的交流。

比如，在你外出的时候，下属将签署的合同放在你的办公桌上，并留言“请批准签字”。

作为上司当然想当面对下属说：“坚持了这么久，辛苦了！”以犒劳下属，但是可能阴差阳错下属外出了，导致自己没有机会表达。

这时恰恰是便笺大显身手的机会。你可以在便笺上写上**“辛苦了！恭喜你！”**或是在便笺上画个小红花也不错。写上信息的便笺具有与面对面交流同样的效果。上司传递给下属的便笺效果会更明显。便笺＋手写的优点是在不经意间能进行真心实意的交流。**正因其灵活便利，反而更能让他人感受到留言者的心意。**

- **确认下属提交的东西，返还时如果下属不在，附上一个写有“谢谢！”的便笺。**
- **把下属写的便笺稍微“改写”一下返还回去时可以如图 14 那样处理。**

看到桌上放着贴有“田岛先生，我把复印材料拿回来了”的便笺时，把便笺上的“田岛先生”划掉，改成“××（下属的名字），谢谢！”然后把便笺放回下属的桌子。

借由便笺表达“上司小小的犒劳”，一定能让下属产生成就感。

另外，**手写便笺也传达了来自上司的“你做的工作我都看在眼里了”的信息**。

来自上司的“我看到了”的信号会提高下属的工作积极性。正因为如此，我希望不仅是对自己的下属，对部门内的派遣工作人员、临时工也应进行这样的交流。因为对于没有评价和目标实现的他们来说，每天的“谢谢”才是来自工作的最好的报酬。

如果你有绘画才能，也可以在便笺上画个小漫画。当然，这需要选择对象和使用场合，如果你是一个平时比较严肃的上司，这种强烈的反差，可能会对构建信任关系产生好的影响。这种情况下随手一画，反而可能会让人产生亲切感。

不只是把便笺作为记事工具，而是从管理的观点重新审视，应该不难发现便笺是一个异常便利的工具。我想在大多数公司，便笺都是工作的必备品之一。因为是难得的公司资源，请大家一定充分利用。

在下属的便笺上“稍加改写”后返还

田岛部长：
资料已复印。

今野君，多谢！

现在有些上司还是很难对下属说出一点表示“奖励、犒劳”的话。
对此我的建议是，在收到的便笺上添加些话再返还

用 A4 纸背面做成的“手写概要”

在传送文件和资料的时候，贴上便笺效果固然不错，但是有时仅靠便笺无法表达自己的所有想法。

比如，想共享的资料很厚且内容很多时，就很难在便笺上写下所有要点。

这时我就会有效利用 A4 纸的背面。

在 A4 纸背面用红色中性笔逐条写出特别希望对方知道的内容摘要，放在文件的最上方当作封面交给对方。

这对工作繁忙的上司来说是特别有效的方法。

如前所述，我在微软公司工作时，我管理了所属部门的整体销售额的相关数据。这项工作需要处理相当大量的信息。

汇总这些数字，制作向总公司汇报时的审查资料也是我的工作内容之一。但是，不难想象，上司每天工作都很忙，突然看到内容这么多、量又如此大的审查资料时会想：“啊！这些要全部看完吗？”

那么，作为下属，你能为上司做什么呢？

经过认真考虑后，不妨在 A4 纸的背面用红色中性笔手写重点摘要，并附到资料上（图 15）。

图 15 利用红笔“手写概要”，向繁忙的上司准确汇报

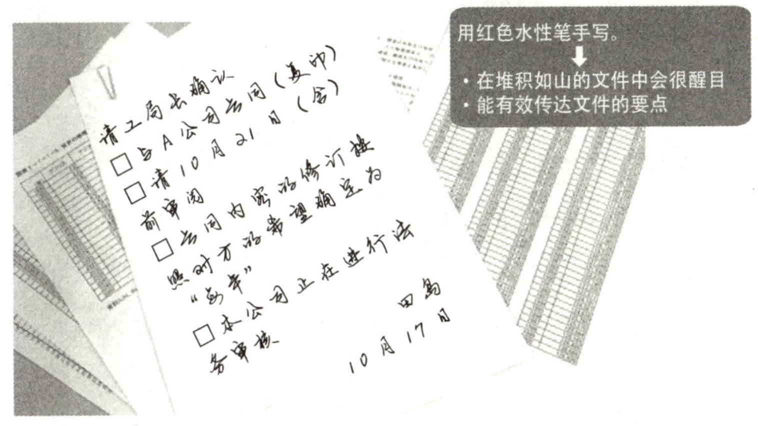

如果是必须上司过目的文件，就要整理书写成特别醒目、简洁的摘要。
大字体对上年纪的上司尤其适用

当然，也有人认为在电脑上制作摘要更合理，这也没有错。

只是，**在堆满文件的上司的办公桌上，红色中性笔书写的摘要一定不会埋没在这些文件中**。其效果就好比在全员西装革履的人中穿了牛仔裤和 T 恤。

另外，比电脑字体更大的手写文字，其内容似乎更容易映入大脑。

如果是年纪较大的上司，看小字体已经有些吃力，手写的大字体会更受上司欢迎。手写概要也有这个意想不到的效用。

另外，要归纳手写的概要，首先自己得理解资料的要点，这也有

助于加深自己对文件的理解。

当在《正因为是数据时代，所以使用吧！传达吧！手写的力量》（和田茂夫著，PHP 商务新书）中看到下面这段话时，我突然惊喜地意识到我自己就是这样做的。

> **最终，如果说手写会改变什么的话，我认为会改变交流的性质。用电脑做的文件等，总是给人面向不特定多数人的印象，以致会给人一种“大众传播”的感觉。**
>
> **与此相对，手写毫无疑问属于“私人交流”。因此，信息接收方会感觉这是“为了我”“花费了时间”“饱含了真情”“世界唯一的消息”。**
>
> **手写的力量，简言之可以说是“私人交流”的力量。**

商务人士需要具备从庞大的信息中选取重要信息的能力，以及以此为基础进行描述、判断、做出决定的能力。

因此，乍一看也许是一件小事，但是为了让阅读资料的人能加快进程，我们可以做怎样的努力呢？答案之一便是手写摘要。

利用“活页板报”进行团队构建

部门主管需要裁决的工作非常多。因此，我们可以在部门内制定一些规则以应对变化。

当时我的实践之一是“活页板报”。

我去文具店买了一个固定以前的那种板报的 A4 纸大小的活页夹。

把“希望务必浏览”的重要事项打印出来，利用手写或便笺添加备注内容，然后请大家传阅。

也有下属可能认为“板报什么的，好像在很久以前的公司办公一样”。

但是，我的目的是要和成员完全共享信息。只要能达到目的，无需在意方法。

一试之下效果惊人——这种形式非常有效地实现了信息共享的目的。

然而，**更加有效的是在传阅板报时自然而然增加了面对面交流的机会。**

在如今这个邮件或聊天软件代替了以往的电话、公司内对话的时代，静悄悄的办公室越来越多。

虽然在安静的办公室大家能够集中精神，提高工作效率。但是如果因为过于安静，整个气氛导致大家连一点讨论问题或与工作相关的闲谈都很难进行的话，那么这样的办公室又如何呢？

可能也就很难防患于未然，很难从不经意的对话中获得商业灵感了。

那真的是工作效率高的办公吗？

有心理学分析认为，经常面对面交流的活跃的组织具有更好的团队合作能力。这完全可以认为，作为部门主管，有意识地加强面对面的交流，可以直接影响团队业绩的提升。

因此，**传阅板报的关键是尽量“拿到在公司的人员的座位上去”**。

如果对方在的话，就可以面对面亲手把板报递过去，接下来的沟通就会自然产生，例如：“话说，那件事怎么样了？”

不需要过多的对话，简单的一句“那件事……”就可以了。诸如，“这个，请传阅一下。对了，那件事……”或者“××请传阅一下，我放在这里了。还有，那件事怎么样了？”等，借由这样的机会可以增加面对面的交流。

职场上构建信赖关系的关键是**“偶尔的名言不及日常5秒的积累”**。虽然这是一己之见，但是通过将活页板报作为交流工具确实会增加团队成员间的交流（图16）。这样如果能够促进团队合作，创造更好业绩的话，那么微不足道的板报的确是发挥了重要作用。

图16 活页板报是团队交流的工具

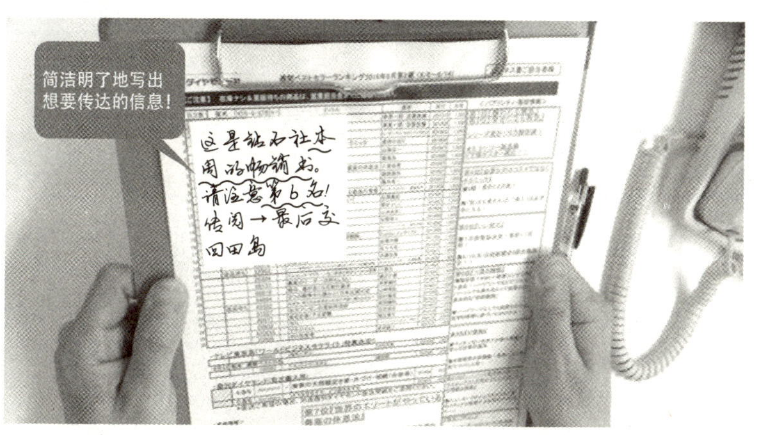

在鸦雀无声的办公室，需要一个搭话的“契机”。
活页板报是一个很方便的工具。一定要亲手递送哟！

言外之意更要通过“非数字化方式”传达

作为主管，你平时能够真正和下属共享自己拥有的信息吗？

我在担任营业部长时，注意到团队构建的心理准备之一就是“信息流散”。

部门主管发挥着部门管理的作用，不知不觉中掌握了很多信息。

例如，在经营会议、管理会议等面向管理人员的会议时，只要上司不打算共享会议内容，下属将无从知晓。

因此，我会有意将一些信息“透露”出去，特别是对于尚未最终做出决议的事项，我会分享事项的过程和原委。

一般人或许认为没有必要把未决定的事项的相关信息一一共享。

但是，**对于下属而言，不了解这些情况，上司的指示就会是“某一天突然空降下来的任务”**。

即使是上司了解原委的决定事项，对于下属而言也是突然下达的指令，“这个月之内要做……”为什么要这个月之内完成？理由是什么？目的是什么？如果下属不能理解这些情况，是无法调动起他们的积极性的。

诸如此类，上司掌握的信息和下属掌握的信息存在差异。意识到这个问题后我开始**将只有自己出席的会议的内容分享给团队成员**。

基于这一认识，我会在会议过程中不断在资料上添加补充事项或备注，以便让下属更容易理解。

会议结束回到自己部门后，我会马上安排复印相应份数的资料，招呼在场的下属，“来，大家集合 5 分钟……”然后一边分发资料一边进行说明。但是，对于自己未出席的会议资料理解起来会有些困难，于是，我会一边说“这里很重要”，一边**用红笔把这个地方圈起来**，通过这样的动作加深大家的印象。

下属也知道我出席了某个会议，敏感度较高的下属会很关注会议内容，心里可能会想：“好像是很重要的会议啊。”

利用下属的这种关注度，让下属参与进来，我会与他们分享事情的原委和意义：“虽然还未最后定下来，但今后工作会与之相关，暂且将关键部分与大家分享一下。”

这短短的 5 分钟，让我与关注会议内容的下属实现了心灵沟通，同时也是加强团队建设的绝好机会。

对于当时不在场的下属，可以将添加了备注的资料放到他们座位上，之后再过问一下，也可以让其他人转告他们。

类似这样，如果在日常就与下属共享这些过程，那么下属就不会觉得工作突然降临，还会很快领会，“啊，原来是那件事啊”，并积极参与其中。

无论什么时候下属都能默默跟随其后的领袖人物非常了不起，但是像我这样的普通领导是达不到的。

“虽然并非官方的决定，但可能会发生这样的事情。请大家做好心理准备吧。”这些微妙的意思只能依靠非数字化的方式来传达。例如，会议资料 + 手写笔记、手写笔记 + 口头说明。这些细致入微的非数字化的交流方式，在帮助部门主管带领团队创造业绩方面会发挥超乎想象的巨大作用。

与下属面谈时上司要始终做好“记录”

如果对方在听你谈话时做笔记，你肯定会感到很高兴。

因为你觉得对方在“认真地听”，对方觉得你讲的是“很重要的事情”。

用电脑做会议记录确实很方便。但是，“单独面谈时仍然使用电脑”，总感觉有点不协调。

设想一下，在一对一面谈时，你的目光不是停留在对方的脸上而是关注着电脑的屏幕……虽然因人而异，但心理上会感觉好像两人之间隔着电脑这个屏障。

正因如此，所以**希望部门主管能一边记笔记一边认真听下属讲话（图 17）**。

我想很多商务人士都已经养成了一边听上司指示一边记笔记的习惯。无论上司还是下属，当别人倾听你的话时，你都会感到很开心。但我觉得“上司听下属谈话时做记录”会更让人开心。

因为**和下属面谈时手写笔记的样子在下属看来是认真“倾听”的行为**。

要做记录自然就需要笔记本或记事簿，但大多数时候下属会带着资料过来，所以建议大家可以在资料的空白处做笔记。资料和笔记合二为一会让信息更集中，使用起来也会更加方便。

下属的视线会集中到上司的手头，会关注上司做了怎样的记录。而上司一边听取相关情况一边做笔记的样子，在下属看来表现出了对自己所说内容的极大关注。这有可能会促使他们鼓起勇气，向上司敞开心扉。

有时候有些复杂的情况一两句话说不清楚，我就会选择在会议室单独交流。这时，白板就派上了用场。

这种情形下要尝试进行职责分工。会谈的推进交给下属，而**上司则负责做好会议记录，当好书记官**。

原本应该由下属负责记录，而当上司做了书记官时，情况会怎样呢？上司会把谈话的要点写在白板上，让下属进行确认，这样就实现了彼此意见的沟通，或者确认了相关的事项。

另外，**遇到那些讨论难以推进的议题时，白板会发挥意想不到的效果**。通常情况下，下属和上司面对面会感到紧张。

但是，当上司“在下属的斜前方面向白板背对下属”时，不会带给人压力。

如果直接面对面地指出下属“那里是不是错了”，会让下属感到紧张。但是，如果指着白板上自己写的字问下属：“我写的这部分，这样理解可以吗？”**以这样一种委婉的方式询问，给人的印象就完全**

不同，感觉不是在责备下属，而是指出“白板上自己写的字”的问题。在这里，白板发挥了缓冲物的作用，就好像我们在面对问题共同努力“一起解决白板上的课题”，所以彼此很容易坦诚交流。

充分利用非数字化工具，能让平时的会谈促进团队建设。尤其是面对感觉与上司有距离感的下属时，希望大家积极地运用这种方法来建立工作上的信赖关系。

图17 边听下属谈话边记笔记

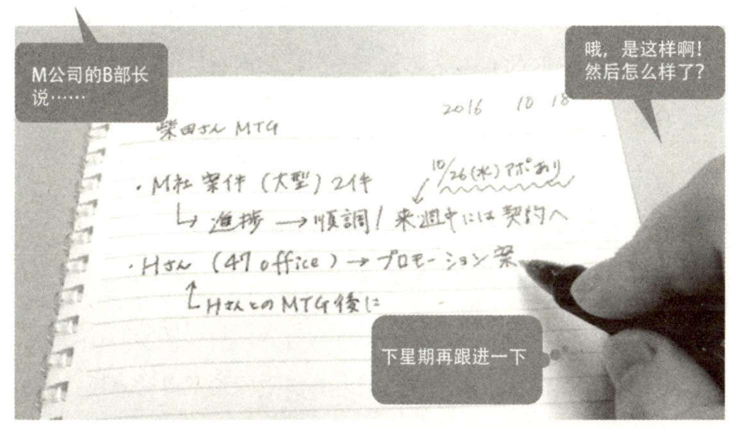

记笔记不只是为了记录，
也是为了向下属表达“我在认真听你说话”

让团队成果在自己的办公桌上“可视化”

想把自己的想法告诉下属。

希望大家能鼓足干劲。

希望不被误解、能被理解。

我认为，为了实现如上这些管理目的，有很多非数字化的方法可以采用。我所采取的其中一环是“专门打印出来”团队销售额的“公告板”。

对于业务繁忙的营业类公司，会有一些惯常的做法，例如，以图表的形式把本部门营业员的销售额做成表格张贴出来，或者给业绩最好的人或完成目标的人披上锦带等。

我虽然没有做得这么直接，但我还是会把自己团队的月销售进度表打印出来，贴在自己的工位上。办公桌之间装了办公隔板，隔板高度刚好能看到对面的人，这就是我粘贴公告板的“固定位置”。**虽然是在电脑上可以看的数据，我也会特意打印后张贴出来，以便大家可以随时看到（图 18）。**

公告板上有本月的目标数字，可以了解每个客户的销售数据，一眼就能明白当前相应目标的业绩完成情况。

当下属来向我报告“与 A 公司签定了 ×× 台的合同”时，我会立刻称赞：“太好了！签了个大单！”并当下就把对 A 公司的销售额补充至公告板。

另有下属汇报：“B 公司可能会一起签下打印机的合同，但详细情况要问负责的 G 部长……”我一边随声附和：“希望尽快确定下来啊。”一边会在公告板的空白处写上“B 公司，打印机有可能”。

不管怎样，最后我都会把数据更新到自己管理的电脑文件上，但在此之前，我会将业务进展情况、从下属那里得到的信息、增加的数字等全部手写记录到公告板上。

图18 在自己的桌面上实现“可视化”

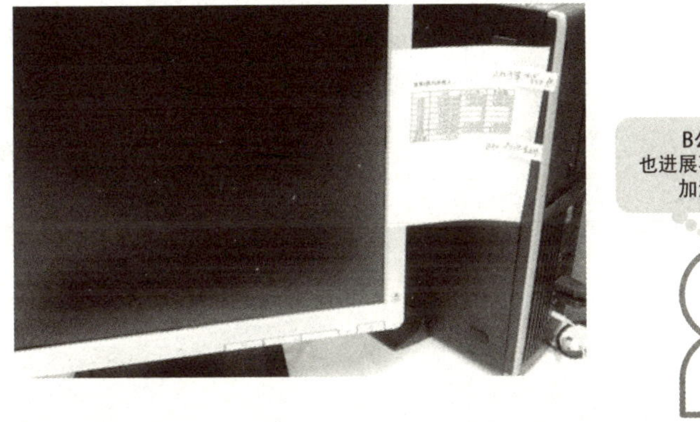

把电脑上经常看的数据打印出来贴到办公桌上以便随时关注工作进展情况。
下属也能看到上司的桌子，所以效果非常明显

我最初这样做只是因为自己需要，但后来似乎变成了**对下属而言“很在意的数据公告板”**。

自从注意到我会更新进展情况或填写相关记录后，下属开始主动

过来汇报。甚至有的下属会在我工作时站在旁边，认真地看公告板。

虽然没有写人名，但大家都知道A公司客户的负责人是谁，B公司客户的负责人是谁。我想，看着公告板上随时更新的信息，每个人都在确认着整个团队的工作进展，思考着“哎呀，这个月，某某负责的A公司，数据非常好”“我负责B公司，不加把劲的话，完成团队目标就危险了”等。

我没有把公告板贴到一面大墙上，也没有分发给所有成员。原本只是为了自己的需要，但不经意间被整个团队共享。我推测正是因为这不经意才会让大家毫无抗拒地接受吧。

部门领导的办公桌，和记事簿一样，应该是透明公开的。这样做当然是为了让大家都可以看到。为大家所做的这小小的努力，可以说是帮助团队形成凝聚力的好例子。

非数字化管理：

利用“行动计划白板”抓住沟通的契机

可以将行动计划白板作为抓住沟通契机的交流工具。

虽然现在工作考勤管理也都实现了数字化，但我估计还是有很多企业在使用白板标记大家的外出计划。

因为我认为行动计划白板即使在如今的时代也是格外便利的工具。依我自身经验来看，特别是作为部门主管，行动计划白板可以说是非常有效的信息源。

即使通过 Outlook 共享了所有成员的行动计划，但想要看时还需要动动手指点击几下。另外，由于公司的相关安全规定，在有些公司上司能够看到下属的计划，但是部门成员间不能互相浏览。

在这一点上，使用白板就非常方便。只需抬头看看，全体成员的计划便一目了然（图 19）。只需瞄上一眼，马上就能知道某某去 A 公司跑业务了。

我是灵活运用这个非数字化工具来把握交流契机的。

看到有下属在查看白板，我会确认一下内容后借机说一句：

“你是要去 A 公司吧？代向 ×× 先生问好。”

“B 公司的那件事完全搞定了吧？干得不错！”

即使没有什么特别要说的话也没关系，几句寒暄，例如“天气很热啊，辛苦你了”“看样子要下雨，多加小心啊”等，都可以。

对于即使发邮件也不怎么回复的下属，如果在他看白板时和他打招呼，他肯定不可能不理你，总是会有些反应，至少能回复一两句。

行动计划白板上已经写好了信息源，但根据去向处写着的会议室房间号，也许可以推测出会议的内容。

“大会议室的话应该是那个会议吧？议题大概是那件事。”大致估计到会议内容后可以问一下：“资料没问题吧？”

对标记着“直接回家”的下属，有些事情你可能必须在他出发前事先交代好。

下属回到公司擦掉白板上已经完成的计划时，也是交流的绝好时机。

“回来了？怎么样？”简单的一句话，也可以督促他们尽快完成汇报。

下属的状况也不是一成不变的。事情进展顺利时下属会主动过来汇报：“B 公司的事项搞定了！”但是，进展不太顺利时，在擦掉白板内容的同时好像把自己的干劲也擦掉了，默默地坐回座位，敲打着电脑键盘，俨然切换成了“不要和我说话”模式。

但是，相比好消息，上司更应该把握坏消息。

上司如果能够把握时机及时了解现状，就可以尽早采取对策。

图19 行动计划白板中包含很多“交流的机会”

有些下属全神贯注于电脑时，不太好和他们搭话，
而如果他们站到白板前，
就可以很容易交谈。请不要错过这个机会

如果利用白板进行“定点观测”，还可以掌握下属的工作模式。

如果有的下属白板上没有他的任何内容，你可以过去打个招呼：“今天看上去好像不忙啊，那件事去推进确认一下吧！”你也可能会发现：最近，他没怎么到客户那里去啊！当发现“大合同是我们这个月的目标，他却总往小合同的B公司跑”时，则需要向下属询问一下状况。

另外，作为上司，大多时候是让秘书或派遣职员去填写具体情况。这也需要我们进行确认。

“中层会议好像是2点开始。要提前做好准备，以确保结束后无论被问到什么问题都能应对。”“开会时有不明白的地方，肯定会被要求‘把最新的数字拿过来’，所以还是别外出了，做好准备吧。”

类似这样，事先做好充足的准备，无论遇到什么情况也不会慌乱。

乍看起来，这好像是20世纪的非数字化工具，但如果**从部门管理者的角度重新审视**，你会发现确实是很不错的交流工具。正因为是繁忙的部门主管，才需要有效利用办公室里的各种工具，铺开更大的信息网，以确保把握任何交流沟通的机会。

小专栏

人们将便笺作为“给自己的信息”

虽然写了便笺为文件“注入生命力”，但真的只贴便笺就有效果吗？我曾经做过一个关于便笺的实验，将其作为展示便笺的效果的实际事例。

位于得克萨斯州亨茨维尔的萨姆休斯顿州立大学的伦迪·加纳做了一个实验，由大学内的150名教授组成3个小组（每组50人），发给每组每人5页的调查问卷表，每组的问卷调查的内容不同。交流方式仅限于校内。**“区别”（实验的可变条件）在于便笺的使用方法。**

小组一收到的问卷调查纸首页上贴有便笺，上面手写了如下内容：“占用您一点宝贵时间，请协助填写调查问卷。感谢您的配合！”

小组二的问卷调查纸上，未使用便笺，而是将相同的信息直接手写到首页的右上方。

小组三的问卷调查纸上没有添加任何手写信息。

结果显示，问卷提交情况大不相同，教授们提交问卷的比例分别为小组一76%，小组二48%，小组三36%。

加纳认为“便笺的功效”如下所示。

（1）便笺占用空间，给人一种略显杂乱的印象，与（被贴的纸或东西）环境不协调。所以人的大脑认定要（撕掉便笺）。

（2）如第（1）条所述，**人们首先会注意到便笺，**很难对其视而不见。

（3）**写上了个人信息**。（实验中小组二和小组三的差异）

（4）便笺代表着“一个人想要给另一个重要的人传递信息”。因为给人一种这是重要的事、特别委托的印象，所以会**让人感到“自己是重要的存在”**。

※DIAMOND 哈佛商业评论《只是添加“便笺”，说服力会发生戏剧性改变》，2015 年 8 月 31 日摘录。原题“The Surpising Persuasiveness of a Sticky Note”。

这个实验的结果意义深远。

即使是枯燥无味的数字资料，只需打印出来贴上手写的便笺，就会从“分发给所有人员的资料”升级为“给你的专属信息”。

如果只需稍微用点小心思，效果就大不相同，那么没有人会拒绝这么做。请一定要在日常的交流中充分使用便笺。

第4章

为繁忙的管理者自身提供帮助的备忘术

白板是制定战略方案最合适的工具

“在处理工作的过程中，忙于应付各项任务，一天很快就过去了。我这才意识到必须要从更高的战略角度去利用时间。”

作为部门主管，每天面对繁重的工作，我曾有过这样的危机感。端坐在自己座位上时，因杂事过多而无法认真思考工作。比如说，接二连三打过来的电话，下属的攀谈、上司的询问，公司内外的紧急邮件接踵而至。

当本能地感觉到“如果无法暂时回到一个人的状态情况会很糟糕”时，我不假思索地在行动计划表里写了“A 会议室”并离开了座位。我打算在傍晚无人的会议室里，给自己创造一个能集中精力一个半小时左右的环境，在会议室里白板真正起到了巨大的作用。

我曾反复说过，部门主管的工作重点是“俯视全局”。关于这一点，我在第 2 章中介绍了纸质记事簿中年度工作计划表的使用方法，但是为了制订战略和计划，我感觉**需要更大的可以自由构思的空间**。那个时候，在会议室里发现的具有“巨大”“白色画面”“横幅较长”等特征的白板，与我的需求完全吻合。

在制定战略、推敲整体计划时，我习惯先把脑中的想法都记录在桌面上。在不会被任何人打扰的会议室里，我最初带着电脑和笔记本，但在推敲计划时，感觉到了电脑和笔记本的局限性，就是“画面太小→大脑中的想法无法完全记入桌面”。在会议室里闭关虽然能更容易集中注意力，但是工作效率并不是很高，不能令人满意。

这时，我注意到了白板的存在。

看着白板雪白巨大的板面，我仿佛觉得自己的脑内空间变得更加宽广，感觉思路也变得清晰，脑内存储的关键词、待办事项、被遗忘的事情等，只要一面对白板，就会不断地涌现出来。

在阅读《工作教科书 Vol.09 终极笔记术》（*Gakken Mook*）这本书时，有一句话给我留下了深刻的印象：

“直截了当地说，笔记本的尺寸代表着思考的尺寸。”

白板是比笔记本更大的雪白的画面。它把我从有限的空间和横线的格式中解放出来，使我大脑中的灵感不断地涌现出来。即使写错了，也可以立刻擦掉重写，这种便利更是打破了思维的限制。

另外，在规划长期进度时，我认为以时间轴为基础并横向使用的书写格式更为方便。但是这种横向装订的笔记本并不常见。在这一点上，拥有很长的横幅的白板就比较适用。公司里配备的是多屏白板，当书写空间不够时，按动按钮就会出来下一个页面，非常方便。

而且，**面向白板站着工作**的这种方式也有积极的效果。来回走动书写就像老师站在讲台上讲课，**能体会到肾上腺素分泌所带来的刺激感**。

最近，以欧美企业为主，采用“立式办公桌”工作方法的企业出现了不断增加的趋势。站着工作不仅有利于健康，而且也有助于提高工作效率。

2012 年曾在 TED 发表过演讲的社会心理学家 AmyCuddy，讲述过她的研究中的一个例子：据说如果人们使用一种挺起胸膛并尽可能地展现自己、名为“powerpose（展现力量）”的姿势，就会产生大量促使你的精神状态积极向上并充满活力的睾酮。有科学证据表明，只需要这样站立两分钟，你的身体就会出现明显的变化。

我认为，在利用白板工作时，与其说像站在讲台上的老师，倒不如说更像是自然而然地采用了近似“powerpose”的姿势，并在无意识中接受到了由此而产生的有利影响。

当梳理归纳到一定程度时，停下来，后退几步，离开白板，远远地看着整个白板，尝试着从站在讲台上的教师角色转换到坐着看白板的学生立场。通过将所有要素书写到宽大的白板上，找出其中的遗漏事项和薄弱环节。远离几步观察白板的行为，也是统揽全局、检查整个计划的一个步骤。

使用白板的打印功能将如上书写的整体计划打印出来，然后以这个打印件为基础编写一份策划方案，并在其中加入更详细的待办事项，以便与团队成员分享。

然而，**我不会丢掉这份原始的打印件**。我会把它夹在记事簿里，当我感到迷茫或偏离轨迹的时候，就会拿出来反复观看。这个打印件不仅是记录，它还包含着我在白板上编制该计划时的心情。这对我而言，就像是工作的守护符一样。

即使无法进行打印，对这个能展现自己大脑内想法的珍贵记录，我建议用智能手机拍照等方式将其留存到手边。

使用白板能更有效地帮助部门主管制定工作战略、总结工作计划等。对部门主管而言，白板是一种不可或缺的工具，其价值远超出我当时的想法，现在我对白板的价值有了更深刻的认识。

小专栏

活用价值链的白板使用模式

部门主管不仅要把握项目整体，还要毫无遗漏地管理同时进行的纵横无尽的多项任务，**必须要有能灵活运用的框架模式**。世界上虽然有各种各样的框架模式，但是为了有效利用前面所说的白板制定战略，我采用了**价值链 × 时间轴**的独创模板。

按照价值链的主要活动来划分各项目的业务流程，并将分别实施的具体业务填充进价值链和时间轴里，从而可以统揽整体流程，同时制定没有疏漏的计划。

实际上，因为需要在统揽全局的基础上推敲计划，所以我感觉活用价值链创建的这个能够观察整体工作的模板是非常有效的。统揽全局并在适当时机安排好本部门所需业务，既能锻炼部门主管的工作能力，也相当于上了一堂统揽全局的课程。因此，我建议主管们务必要有效利用自己公司内的价值链主要活动，尝试创建这样的模板框架。按时间构思横轴内容，这样可以把握整体状况和工作日程，可以知晓在什么时候、什么样的时机做什么比较合适。

小专栏

图20 用价值链×时间轴来制订计划

按时间轴写出具体活动

纵轴是价值链的主要活动

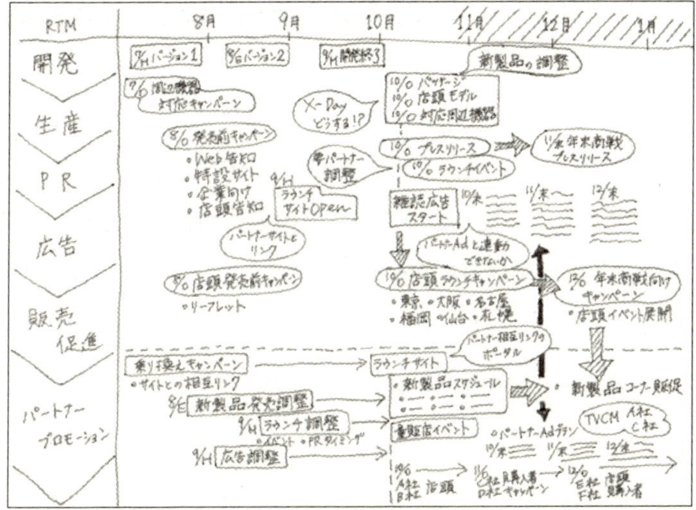

部署纵轴内的价值链主要活动，
按时间构思横轴内容，这样可以把握整体状况和工作日程，
可以知晓在什么时候、什么样的时机做什么比较合适

手写的“剧本”对于管理者具有超出“剧本”本身的意义

虽然我现在已经离开公司，主要从事企业研修和讲演工作，但是**需要用到 PPT 时，我一定会以备注页的形式将其打印出来，且把每一页不能漏掉的关键词和要点手写成“剧本”**。这已经成为我必做的事情之一。

话虽如此，但在正式工作时，我并不会按照写好的剧本去读。以防万一，我会把剧本放在手边，但也只是为了防止出现遗漏而扫一眼关键词而已。

那么，为什么要准备当天并不使用的剧本呢？这个例行公事，其实只是我在做部门主管时的非数字化工作方法的应用而已。

虽然我在上一本书——《部门主管的教科书》中也曾提到，我曾是一名斑马型管理者。与身处前线引领团队的狮王型管理者不同，我属于站在团队中间，一边观察下属的情况，一边通过辅助支持来引导下属发挥作战能力、创造团队成果的管理者类型。通俗来说，我不是支配型，而是仆人式领导。

对于斑马型的我而言，最不擅长的就是在令人紧张的场合把难以言表的东西清晰有力地传达出去。

和下属的交流并不仅限于简单的指示和会议，有时候管理者不得不做出训斥这种高难度的交流。此时对于斑马型的我而言，需要做的就是准备“剧本”。

准备剧本的理由有以下三点：

1. **为了把必须要传达的事情，不胆怯地没有遗漏地表达出来**
2. **准备剧本这种行为本身就是一种（特别是精神方面的）排练**
3. **“做好了准备”的感觉会带来安心感**

比如说，在会议上需要严格指出下属因没有完成必达指标，根据规定有可能会被降级。这种场合，对于性格较弱的上司来说，说出这样的话就跟胃绞痛一样让人难受。

“从不认为自己能在无准备的情况下顺利地传达信息”的这种想法，成为我制作剧本的契机。

准备剧本的基础是“思考如何表达才能打动对方”。拿上述例子来说，就是在下属被上司责骂、容易变得情绪化时，能让下属冷静地接受现状并开始工作。但是，在彼此都是销售员的情况下，有一种共通语言——“数字”。如果对方也是一位经验丰富的销售人员，那么他可能就**不会将情绪带入到“没有达到目标数字”这一客观事实中。基于这样的思考，我会在会议的剧本上写下相应的内容。**

“○○（下属名），我想你应该还记得，年初时你承诺本年度目标要达到××吧。但是在过去的三个季度中，一直都没有达到预期啊。”

如上所示，把想传达的话总结一下，就可以做成“剧本”。其目的是：

- **不输给自己的胆怯**
- **不遗漏重要的事情**
- **避免因自己的表达方式不当而让对方产生误解**

如果自己传达的是客观事实，就能毫不畏惧地告诉对方。这样便不是在追究该下属的责任，而是和下属一起面对没有达到目标这一事实。这样应该就很难造成情绪化了。

顺便说一句关于剧本的制作方法。越是重要严肃的会议，我越建议大家就**像“剧本”一样，一字一句地把台词都写在平常使用的笔记本里。**

虽然你可能会觉得这样有点做过头了，但是这一过程能起到会议预演的效果。编写台词这个过程，会让你有一种身临其境的感觉，即真实的模拟。

例如，有“降级”的可能性这种虽然难以说出口却不得不说的事情。

“如果这种状态持续到年末的话，有可能会被降级。”

在说完这句话后，对方会作出什么样的反应呢？是忽然生气，还是变得沮丧，又或是突然变得严肃起来……在想象着这些的同时，考虑出相应的对策，这样就可以提升剧本的精确度。这无疑就是模拟实验。

设想着对手的反应，再考虑下一步。

“我并不是在责备○○。但是如果达不到目标的话，的确很麻烦。我们一起考虑一下，接下来该怎么办吧。”

“不过，这种情况不是最近才有的吧？虽然我完全把这件事情交给你去做，但是我以为如果有问题你肯定会来和我商量的……”

在本节开头我曾经说过，我在研修或演讲前都会做剧本。

虽然有时候我也会写“早上好”“那么，我们开始进入下一个话题”这类台词，但这是为了根据这些具体的台词来营造临场感，在大脑内进行更真实的排练。

把“有可能会被降级”这种难以说出口的话完全写入台词，还有一个好处，就是**防止以后后悔“当时如果能说出来就好了”**。说台词的同时只要想着“我正在扮演部门主管这个角色”，也能回避因展示真实的自我而导致失败这件事情。

虽然我倾向于避免情绪化，但是反过来说，这也存在一个弱点，那就是不能强烈地表达感情。因此特意事前做好剧本，告诉自己“之后只要说出来”就好了。

另一方面，也有人会在盛怒中宣泄情感，结果把不能说的话也说出来了。但是，如果提前写好剧本，应该可以避免说出“不能说的话”

剧本是管理情绪、准确传达部门主管意图的工具。

为了履行部门主管的职责，我们都很期望好好掌握一些技术，以克服自己的弱点和不擅长的事情。

为自己准备的备忘术：

使用标签、贴纸等方式记录备忘录

大家是如何运用笔记本来做记录的呢？大概使用横线格本的人会比较多吧，我认为比较常见的是按照横线格像写文章一样记录笔记。

我最初也是按照横线格做记录的。假如在某次会议中，议题推进过程中涉及多个主题，我会采用这样的做法：**把每个主题的笔记都用圆圈或方形框起来（图 21）**。简单来说，**就是把每个主题的笔记都写在贴纸或便笺上，再把这些贴纸或便笺粘到笔记本上。**

因为在会议中做记录的要点就是分条列出关键词、数字及行动事项。我不采用从头到尾像写文章一样的记录方式。

通过这种标签化或便笺化的记录方式，每个主题所对应的笔记就能一目了然。

另外，如果使用贴纸或便笺，相关信息会被集中总结在一起，因此从视觉上很容易记住。比起其他方式，你会在之后回看笔记时，更容易明白自己写的是什么。

我并不是从一开始就有意识地采取这种方式的，在回看过去的笔记时，我注意到从升任部门主管后，这种笔记方式开始逐渐增加。可能是因为我需要同时处理多项任务，例如每个下属的议题、客户的议题以及其他各种各样的议题。而且笔记上的每个议题也都必须是明确易懂的，也就自然而然地变成了这种形式。

我也在小专栏“为什么手写是更有效的方式”里介绍过，用电脑记笔记更容易像速记员那样，把对方的发言逐字逐句地记录下来，而我们做记录时还要写下对内容的理解，所以我认为手写更有效。这其中也包含了我自己的经验，感觉更能让人信服。

另外，之前所说的《工作教科书 Vol.09 终极记录术》一书中，登载了一篇推荐用方格形式手写笔记的文章。在这篇文章中，脑科学家筱原菊纪先生意识到了信息是被归纳成块然后记录下来的，所以他把大脑在工作时信息更容易保留在脑内这一发现和“工作记忆”联系在一起进行说明。毫无疑问，标签化或便笺化的方式和汇总信息是没有区别的。

因为变成了标签或便笺，每个议题的信息一下子便以适度的块状印入眼帘。对于不得不同时处理大量业务和管理工作的部门主管而言，这虽然只是一个小技巧，但是用与不用还是有很大差别的。可谓小技巧大功效。

图21 像便签一样记笔记

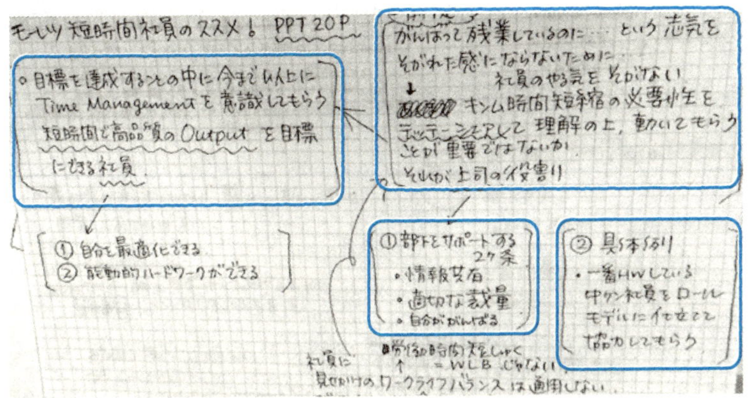

像照片那样，把A4纸大小的笔记本横过来使用。
把每个要点总结归纳成块状

能够提升自我情绪管理的模拟工作术

当我从公司辞职开始独自打拼的时候，对于自己身为上班族时所采取的种种无意识行动的理由，想从精神层面上为之寻找合适的说法。为此我学习了心理训练的方法，当时学校的老师说过这样的话：

“用日记记录下发生过的美好事情，就能将每一天和‘今天也非常棒’这种情绪联系在一起。这对心理是非常有利的。”

老师曾运用这种方法在自己负责指导的高水平田径选手身上并获得了成功，帮助这名选手在事业陷入低谷、精神极度消极时，重新振作起来。

“不管多么微小，只要去寻找美好的事情，普通的人生中肯定也会有四五件美好的事情。如果这样都发现不了的话，很有可能在精神方面比一般人更加消极。”

听了这个说法，我回忆起上班族时代的自己，的确有“原来如此！”的恍然大悟。

关于书写的作用，顺天堂大学医学院教授小林弘幸，同时也是日本体育协会认证的体育医生，曾在他的著作《书写“3 行日记”为什么有益健康》一书中解释过：“写日记这种行为，可以提高副交感神经的功能，并调整被打乱的自主神经。”根据小林弘幸教授所说，仅三行日记就有效果，那么**回顾过去这一行为本身就是有效果的吧**。

尤其是部门主管，在高压环境下，精神高度紧张地工作，因此只要是商务人士都可以想象得出其交感神经势必是非常活跃的。实际上众所周知，因高负荷的业务和人际交往而积攒的压力和紧张，在手机和电脑蓝光中使交感神经变得活跃，好坏情绪都会高涨起来。

如果日复一日都不将其复位，疲劳和压力就会一直沉淀、积累下来。对需要调动员工创造业绩的部门主管而言，就更是如此。

但是，只要工作自然就会有紧张情绪和压力。重要的是，不要只是叹息于承受紧张情绪和压力，而是要思考如何才能调整自身心理状态。换句话说，对于紧张情绪和压力，管理好就行。没有必要因为紧张情绪和压力而否定自己，甚至是看轻自己。

因此，对于紧张情绪和压力程度都很高的部门主管来说，为了能持续取得业绩，“调整心理”的意识是非常重要的。**自我调整心理状态的情绪管理也应该视为工作的一部分**。

实际上这里介绍的心理训练技巧，全是我在部门主管生涯中无意识实践出来的。

希望大家可以灵活运用包含非数字技术的“恢复情绪的例行活动”或“重新发现自我的工具”等，不仅用于管理下属，同时也用于自我管理，从而以尽可能稳定的心理状态去处理业务。

记事簿是精神管理的最强有力工具

我在前文所提到的心理训练学校学到的内容之一是**“造成人的精神压力的一个原因就是没有尽头的事情，未来无法预见的事情，总感觉有什么事情没有做完”**。

“因为没有时间，今天所计划的事情没有全部完成。”

“这样下去到截止日期前，我能达成目标吗？”

“这种忙碌的状态到底要持续到什么时候呀？”

但是，无论过程是多么辛苦的工作，一旦结束，人就会放松下来。

结束后依然会积攒精神压力的工作几乎是不存在的。

特别是部门主管，既需要带领团队取得业绩，同时又得兼顾自己的工作。如果只是自己的工作，还可以依靠自己的努力，总能找出解决的办法，但是还需要在做好管理下属工作的同时取得业绩，紧张和精神压力自然也会成倍增长。

不过有一种办法可以解决上述问题，即通过记事簿来管理精神压力。

在第 2 章中，我曾再三介绍过，纸质记事簿是值得部门主管去掌握的一种有效工具。理由之一就是它有助于部门主管的工作——“统揽全局”和“多任务管理”。**其效能不仅体现在团队管理方面，在精神管理方面也具有积极的作用。**

统揽整个时间表，也就是能看到整体这件事，意味着你甚至可以“知道”结果——从结果开始反推，梳理出每月、每周、每日应该做的任务。这就是众所周知的任务管理中称之为“任务分解”的方法。这种“把握整体，知道现在应该做的事情”的状态，既有助于减轻压力，也可以让人集中于眼前的工作。

按照心理专家的著作中的术语，上述行为则可以用“行动目标”和“执行目标”这些词语来表达。

“把年度计划分解成每月的目标，本周是计划中的一周，所以**做到这种程度就可以了。**”

“虽然今天还有积攒下来没有做完的工作，**明天再做的话也来得及。**”

“即使明天不能做，**这周内能完成的话就没问题。**”

以日为单位来看，可能会因为看不见未来而感到害怕，但是如果能够统揽全局，看不见未来的不安感和没有尽头的疲惫感就将不复存在。即使今天没有完成，只要事先确定好什么时候做，就已经实现了时间支配。这和第 2 章中介绍过的“在一周内进行适度调整”是相同的思维模式。

不仅是部门主管自身，如果把这种方法扩大到团队的管理上，非常有助于减轻部门主管的压力。

单是自己的工作就已经倍感压力，但是在部门主管的周围，有很多如果不加以关注是看不到的工作在进行着。造成“看不见=精神压力”的原因正如前文所述那样。因此，为了管理压力，可以在记事簿里对开页的两页中，写下以周为单位的待办事项表或下属的安排。

“负责A公司的B先生，感觉很难签下这份合同，但是其他成员的工作进展都很顺利，我自己的工作这周也可以完成，**所以本周内完全可以多花时间来协助B先生。**”

如果能够拥有这样的洞察能力，就会培养出作为部门主管内心的沉稳自信。在精神管理层面活用记事簿，**如果能让我们感觉到“即使是庞大的工作量，我也能够控制”的话，就有可能保持内心的平静。**

无法从容不迫的上司，不仅会让自己感到不安，也会使下属感到焦虑。我希望成为能够支配计划表和时间，时常拥有自如从容心态的部门主管，也希望得到下属的认可。

灵活运用待办事项表来进行精神管理的具体对策

在纸质记事簿所带来的精神管理的功效中，我还想介绍一个**活用了待办事项表的心理技巧**。

我的做法是，把每天使用左侧页面里的待办事项列表这件事当成只属于自己的小小仪式。在列表里写下今日的待办事项，每完成一件，就用粉色荧光笔涂抹掉（图 22）。对我来说，这是一件可以让我体会到“些微成就感”的微小却重要的日常工作。

一天结束时，如果待办事项表全被粉色涂掉，“啊，今天应该干的事情全部都做完了！可以毫无顾忌地去喝酒啦”，伴随着巨大的成就感，你就可以毫无压力和困惑地关闭上班模式。

因此，关键就是在待办事项列表里写下所有事情，从身为部门主管所需处理的重要工作到“给〇〇发邮件”这样琐碎的事情。因为涂抹的次数越多，品味“些微成就感”的机会也就越多。

当然，为了能够应对突发状况，你需要立足于一个大前提，就是不把计划表排得满满当当。

肯定会有一些时候，列表没有全部都变成粉色，遗留下一些没有完成的事情。在这种情况下，**我们不是要单纯推迟完成时间，而更需要决定“什么时候去做”**。

前面也说过，造成压力的其中一个原因是感觉到“工作没有做完”。意识到这一点，如果能决定下来何时去做，就可以减轻精神压力。这短短几分钟的行动，就可以给充满精神压力的心理带来好的影响。

还有一个活用待办事项列表的心理技巧，就是在离开办公室之前，**把第二天的待办事项表全部写完再回去**。这也是我在升任部门主管之后，无意识情况下使之日常化的一个心理仪式。

在结束一天的工作后，检查当天的待办事项表，决定什么时候完成遗留下来的事情，然后把第二天需要做的事情全部写在待办事项表里。应该有很多人会说“这种事情，我早就已经开始做了”。也就是说，**关键在于你要有意识地将这个精神管理的方法纳入日常工作**。

一旦明白了应该要做的事情，接下来需要我们完成的就是次日到公司去把这些待办事项表划掉，所以不会苦恼于“看不见未来”或“忙于应付工作”。**下班时，也能安心地关闭上班模式**。

甚至，为了转换心情，平日里我尽量会把记事簿和电脑留在办公桌上，不带回家。**不带记事簿回家，表示也不把工作的压力和烦心带回家**。当时虽然是无意识的行为，但可见其实在内心还是将工作和生活划分了界限的。

第二天早上上班的时候，因为打开记事簿的瞬间就明确了该干什么，就能够立刻着手该干的事，也更易做好心理准备。

我之所以开始无意识地采取这样的行动，是希望通过自我心理调整，达到能实现正确的工作管理的精神状态。

身为部门主管，我早已做好了身心都会充满压力的精神准备。但是，如果忙碌 = 甘于心灵枯竭，任由不稳定的情绪泄露出去，会引起下属的不安，也就无法团结整个团队了。话又说回来，如果觉得无法承受过多的压力而把自己的心灵封闭起来，不去感受压力，也有可能会让自己的精神状态更加恶化。

因此，我需要冷静地把握自己的状态，作为上司，我才会无意识地采取了自我调整的行动。

为了让你的团队变得更加团结坚固，真心希望你能采纳这种为了自己而进行精神管理的观点。

图22 把完成的计划用荧光笔涂掉

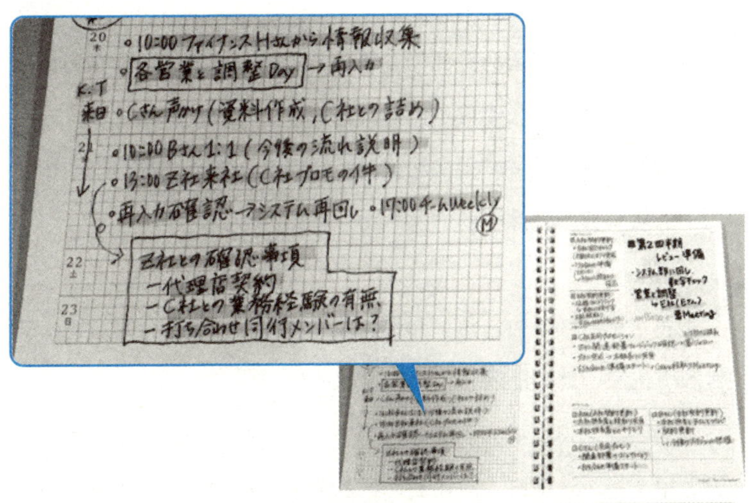

用荧光笔涂抹时，依旧能看得见文字，所以能够回看计划。
用荧光笔涂过的记事簿，也相当于让一周的努力都“可视化”了

模拟生气情绪管理——消极情感的处理方式

工作时感到紧张和有精神压力是很正常的。前面也说过，重要的是你能意识到并接受这些紧张和精神压力，而不是对其置之不理。

特别是成为部门主管之后，责任变重了，难以处理的事情也比普通员工时期多了许多。但是，能任由消极情绪表露出来也仅限于普通员工时期。如果你成为了拥有下属的部门主管，是不能任由情绪发泄让下属产生动摇的。

因此，可以说**正因为是部门主管，自我情绪管理才如此重要**。所以接下来我要介绍一些非数字化的自我管理的具体做法。

当情绪开始混乱或变得情绪化时，可以采取在心理咨询术语中被称为**“清除＝宣泄情绪”**的方法。

把再这样持续下去，愤怒和烦躁就可能爆发出来的这种状态实际“宣泄”出来，就是清除。

你是否还记得自己为何如此愤怒？请抓住心底涌现出来的感情并尝试着用文字表达出来，写在复印纸的背面也没关系。因为这些内容只有自己看，所以不成文章也可以。想要宣泄出自己的情绪，就会越来越多地写下自己此时的感受。

深思熟虑后再写，里面就会包含你的理性分析，你也会评价自己所写的内容。因此尽可能快速地挥动你的笔，有意识地“吐露情感”。

如此一来你会发现，情绪在慢慢地恢复平静。然后你也能客观地理解自己为何会如此愤怒。

例如，有时你会注意到，你并不是在生气“今天下属没有完成他所说的事情”，而是你经常担心“实际上平日里，下属就一直抱着不配合身为上司的自己的这种态度”。

通过写下自己的心情，整理自己的情绪，以便能恢复到身为部门主管应采取的正确对策的这种客观模式。

如果你有可以信得过的部门主管朋友，可以在喝酒时把自己的牢骚倾诉给对方，或者反过来听一听对方的牢骚，互相宣泄一下累积的压力，这种非数字化的交流方式也非常有效。

但是，在这过程中有如下理论：

1. **划分时间段来做（禁止喋喋不休）**
2. **倾听别人的话时，绝对不要去否定对方**

无论是倾诉方还是倾听方都要彻底遵循以上两点。

我曾经的一个同事，是一位非常优秀的销售经理，无论在客户那里受到了多么不公平的待遇都能冷静地处理，

因为太过冷静，我有时候会想“难不成这个人没有感情吗？”。

但是一起去喝酒的时候，我才明白他也是普通人，内心也会感到生气与愤怒。看过他那种“排毒”的样子之后，我反而对他放心了。

在放心的同时，我也察觉到“他果然也会很生气。大家都有各自的辛苦啊”。我也深刻地体会到有一个跟自己有相同感受并能听自己发牢骚的朋友，是多么值得感恩的一件事！

担任部门主管的时间越长，烦恼也就越多。把握好时间，一边喝酒一边狠狠发牢骚，之后神清气爽地回家，第二天早上以崭新的心情开始工作。这不仅是管理精神压力，也加强了各部门主管之间的沟通和合作。

而且，一旦你通过书写调整好了自己的情绪，接下来就和平常一样，只会去考虑“作为工作，该如何处理比较好呢”。

至于写下烦恼的那张纸，你既可以把他严格保管在只有你自己知道的地方，也可以**立刻放在碎纸机上销毁它**。如果里面包含人名，我建议用碎纸机将其销毁。**用碎纸机销毁这件事情本身，就好像是一种告别消极情绪的仪式**。

对于在工作中需要和很多人打交道的部门主管而言，人际交往所带来的压力属于“没有就是奇迹”。也就是说，有效控制人际交往的压力是和“调动下属的工作热情，取得业绩”这种最重要的作用直接挂钩的。

希望大家认识到为自身而进行的生气情绪管理是身为部门主管的重要工作，并尝试将它纳入日常工作程序。

【编外篇】

铁人三项运动也采用的模拟笔记术

不再做上班族以来，我开始从事铁人三项运动。体育运动都具有一种休闲娱乐时无法享受的体育类特质，铁人三项也是这样——没有目标，情绪就调动不起来。而且，一旦设定目标，就必须去完成，所以需要想办法在保证工作、运动两不误的情况下进行练习。

这种时候，在工作中培养起来的模拟自我管理术就能发挥作用了。

在从事运动的这些人中，有的人为了资格考试而努力，有的人以完成全程马拉松为目标，当然，也有人为了个人的理想而拼搏。我们要以编外篇的形式向这些人介绍一种充分利用了本书所介绍的方法的“目标达成术”。

首先，在铁人三项里应用的是以下三个工具。在分别灵活运用这三个工具的同时，为了达成目标而进行自我管理。

1. **到比赛当日为止，两个月左右的训练表：制成能了解整体状况的模式，预先打印出来**
2. **训练记录：把实际做过的训练的细节都手写记录下来**
3. **OutLook 上的计划表：确保训练时间**

虽然训练表是和我所属的铁人三项队伍的教练商量之后才决定的，但是拥有整体训练表这件事，对我而言，就是精神上很重要的支撑。

因此我把训练表贴在家里最显眼的地方——冰箱上，以便我随时可以看到（图 23）。

- **拥有和可信赖的教练共同制定的训练表，能带来内心的安全感**
- **可以看得见整体，而且“之后只要完成它就行”，这成为达成目标的动力**
- **因为已经明确了今天该做的事情，所以能够集中于眼前的练习**

甚至，可以通过“训练笔记”激发动力。

- **手写已经执行了的训练表 = 感受成就感的瞬间**
- **因为“想写 = 想感受成就感”，所以决定在下次的练习中也“加油”**

时间和跑过的距离都会写在记录里，根据这些，你会发现“比上一回跑得快了”“已经可以完成比半年前强度更高的练习了”（虽然反过来也会记录状况下滑的情况）。这样和过去日志的比较实现了可视化，必然能增加成就感。

虽然我是后来才意识到要这样写下来的，但是我一直都在使用部门主管时期所用过的模拟笔记术。虽然不能将工作和兴趣混为一谈，但不仅是运动，**在做任何挑战自己极限的事情时，我认为工作中使用的自我管理方法同样是有效的**。

当然，时间管理也很重要。

我们已经介绍过用 OutLook 的计划表可以在“面”上管理工作的日程安排，这个方法也可以应用到训练中。因为练习计划已经确定，如果停留于“有空的时候再做吧”这种程度的管理，无论如何都完不成任务。

如果影响到工作就本末倒置了，所以在最大限度地找到能兼顾工作和兴趣的“时间安排”，将训练排入其中。这个方法我在还是部门主管的时候也用过，我重新认识到，它和平衡花在自己和下属身上的时间的方法完全一样。

从我开始铁人三项运动，大概已经过了 6 年的时间，也积累了多年的训练记录笔记。因为每年都会参加比赛，所以过去的笔记对我来说，是重要的信息来源。

回顾过去的笔记，并不只是为了参照过去的练习方法或是那个时候自己的表现。

虽然是我个人的感觉，但在工作上，比起电子形式的笔记，手写的笔记更容易让人想要去重新翻看。即使是同样的内容，看着手写保留下来的东西，你会发生“啊，这个工作，是以绝佳的状态完成的呢”等感慨，更容易回忆起当时的情景。

在工作过程中磨砺出来的方法论和自我管理的理论，如果横向推广到生活中的其他方面，很可能就是将常年积攒下来的经验“灵活应用到下一件事”。

而且，这种不断的累积，也许会成就每个人光辉灿烂的职业生涯吧。

 兴趣也用模拟笔记术的方式进行管理

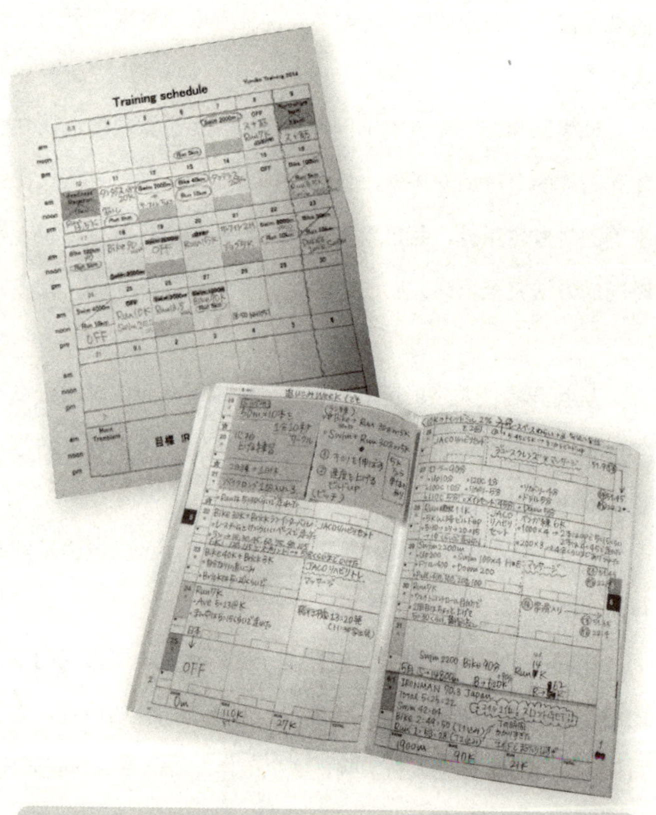

时间表打印并填写，
每天的训练单记录到记事簿。
反复看，将其灵活应用到下次的比赛中

后记

有时看着部门会议上要用的销售额管理表，莫名其妙地想给上面罗列的那些冰冷的数字注入些许生命力，不知不觉就会快速抓起笔写上些补充信息；有时实在找不出时间和下属确认工作进展或沟通想法，就不由地会向下属打听他本周的工作安排然后记到我自己的记事簿里。诸如此类，时不时面临的那种紧迫感如今依然清晰地留在我的记忆中。

当时满心焦虑，一心想着必须要尽快胜任部门主管的工作。对于当时的我，比起通过读书或参加培训学习到的经营管理理论和心理准备，倒是上述那些出于部门主管的责任意识而采取的本能行动，最终磨练了我的技能和意志。这一点时至今日我依然深有体会。

带来这些行动的关键就是本书标题所示的“模拟工具”。

但是，最后我想再次申明，本书绝不单单是一本“工具书”。本书只是以模拟工具为切入点，说明了优秀管理者需具备的工作视角，以及调动他人共同创造业绩所需的知识和技能。希望大家能把它作为一本新型的管理书来看待。

也就是说，重点不是工具，归根到底问题的核心是经营管理的视角。因此，有时候要实现管理目的，既有的工具或格式可能就不够用了。

我也有过这样的经历。本书中曾介绍过用一张 A4 纸管理 5 个星期的多项任务。这是因为当时有多个项目在同时进行，为了能俯视“工作全貌”和“现场工作”，无疏漏地推进各项业务，迫于需要而独创出的模板。并且，这个模板的发明也意味着我的管理技能的提升。

希望读者诸君能充分理解本书的理念和想法，不仅仅能熟练使用书中介绍的各种工具，也期待你们有朝一日能创造出你们独有的模板，让自己的管理技能和思想更上一层楼。

说到我自己的话，我想要时间跨度长达 2 年的日程计划模板。因为现在我切实感到很多工作是要在半年甚至更长时间之后才开展，而且离开公司作为个体从业者来看，可能需要更长远的时间规划。但是，遗憾的是，市面上出售的记事簿能找到的最长时间是一年半，于是我萌生了自己制作一个不受现有模板束缚的独创的模板的想法（笑）。

最后，在本书出版之际，由衷感谢钻石出版社的和田史子总编，自我的上一本书《优秀管理者的教科书》以来，直到本书的编辑和出版，他都给予我全方位的支持和帮助。

2016 年 10 月布拉曼特股份有限公司 田岛弓子

附录

本书介绍过的一些工具的“模板集”

模板1

优秀管理者的工作指挥塔 在对开页的记事簿中对一周工作任务进行管理

记录方式分两步：首先在右页写下本周需要完成的工作（也包括下属的工作计划），然后参考右页的内容在左页的日程表中记下“每天的任务”。

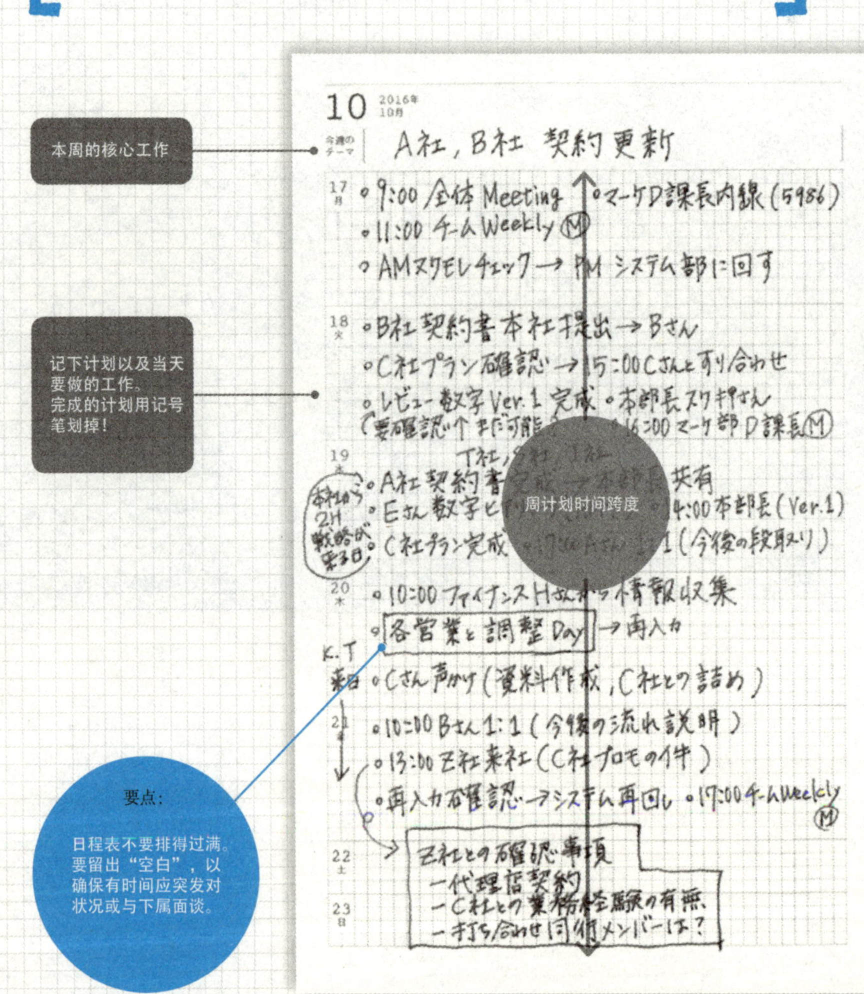

这是本书多次提到的一种格式。使用普通记事本也可以做到。
重点是通过这种对开页的方式可以对一周的工作一览无遗。
需要注意的是要将一周的所有工作计划全部整理到这两页中，必要的时候可以使用便笺。

写下现在正在进行的项目

把历时几周的事项以及本季度的目标数字等写在便笺上，重新粘贴到这里

今週のプロジェクト

☑A社契約更新
・本社雨応チェック（文面OKとる）→完成
・打ち合わせ準備スタート
↳Aさんに段取り指示

☑B社契約更新
・法務フィードバック
↳本社に投げる
・上記段取り
Bさん仕切りチェック

☑第2四半期レビュー準備
・システム部に回し、数字チェック
・営業と調整
↳E社（Eさん）要Meeting

写下这周内要事先做准备的工作任务。
尽可能交给下属去完成

今週のタスク

☑C社共同プロモーション
・プラン関連部署フィードバック確認→（要）フォロー マーケ部のD課長
・プラン完成→本部長に共有
・打ち合わせ準備スタート→Cさんと段取りMeeting

要点：

从各个项目中分配出本周的任务。
再据此写到每天的待办事项列表中

部下の To Do

□Aさん（A社契約更新）
・A社担当者と段取り共有
・本社担当者とのやりとり

□Bさん（B社契約更新）
・本社担当とBさんをつなぐ
・契約更新
↳今後のスケジュール把握

□Cさん（共同プロモ）
・関連部署のコミュ仕切り
・打ち合わせ準備スタート

事先列出“下属的工作”和“需向下属确认的事项”。每个成员的工作一目了然

Good job! Have a nice weekend!

模板2

使一年的“工作总体感”可视化的年度大事记

部门主管常常疲于应对各种突发事项。
但实际上很多事情是可以事先预测的。
整个公司的事情、人员录用情况、预算结算日期等，把这些每年都会发生的例行事项事先纳入工作计划中。休假计划也可以提前确定。

可以参考上一年度的计划和记事簿写

忙碌程度也提前标注

记录每季度里各个月的情况

写上那个月会发生的例行事项

2016 年度事件			
第一季度	4月 □综合体检 □新员工培训	5月 □股东大会	6月 □应届毕业生招聘 □第一季度
	繁忙程度 高 ㊥ 低	繁忙程度 高 ㊥ 低	繁忙程度 高 ㊥ 低
第二季度	7月 □研讨会	8月 □暑假（短暂休假）	9月 □分店长会议 □第二季度
	繁忙程度 高 中 (低)	繁忙程度 高 中 (低)	繁忙程度 (高) 中 低
第三季度	10月 □人事变动 □展览会	11月 □全体大会	12月 □展览会 □第三季度
	繁忙程度 高 ㊥ 低	繁忙程度 高 ㊥ 低	繁忙程度 (高) 中 低
第四季度	1月 □筹划制定下年度预算方案	2月 □经理会议 □探询人事变动情况	3月 □决算 □第四季度
	繁忙程度 高 ㊥ 低	繁忙程度 高 中 (低)	繁忙程度 (高) 中 低

要点：

除自己所属部门的工作之外，也要明确其他可能会影响本部门业务的事情，例如涉及全公司的事情、受人事处或后勤处委托参与的事情（人员面试、综合健康检查等）。
自己的休假时间也就有了眉目，可以大致确定了

______ 年度事件

第1季度	____月	____月	____月
	繁忙程度 [高·中·低]	繁忙程度 [高·中·低]	繁忙程度 [高·中·低]
第2季度	____月	____月	____月
	繁忙程度 [高·中·低]	繁忙程度 [高·中·低]	繁忙程度 [高·中·低]
第3季度	____月	____月	____月
	繁忙程度 [高·中·低]	繁忙程度 [高·中·低]	繁忙程度 [高·中·低]
第4季度	____月	____月	____月
	繁忙程度 [高·中·低]	繁忙程度 [高·中·低]	繁忙程度 [高·中·低]

模板3

多任务管理 5周工作安排表

“截至9月末的销售情况快报要在10月的第一个星期提交”，诸如这种情况，部门主管常常需要审视“一个月+一星期”的工作计划。因此，有了这个可以一览5周工作计划的记事表就方便多了。
使用一下就能体会到它的好处。

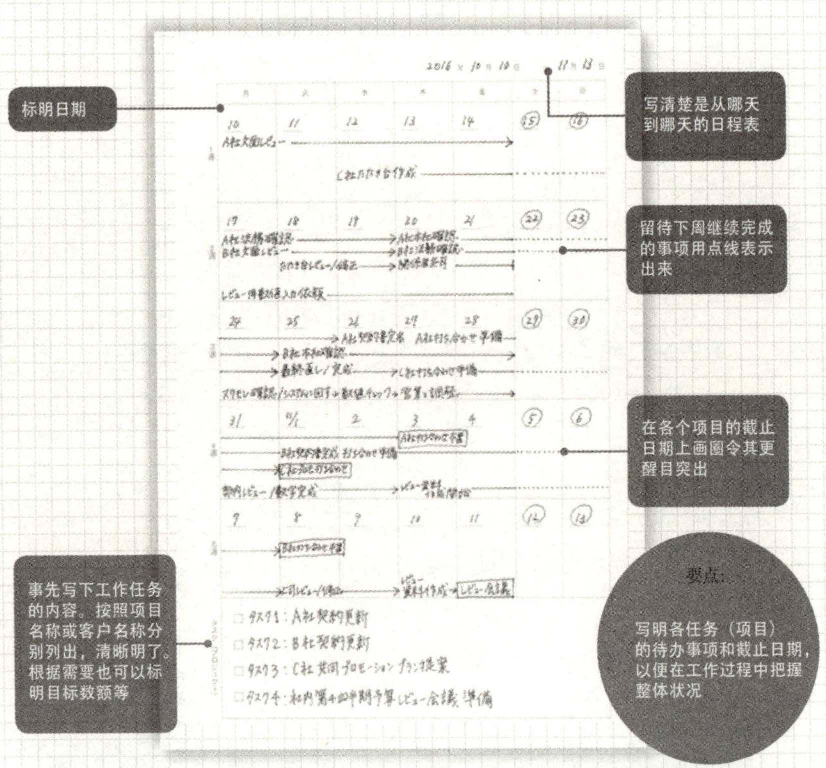

把多项任务（项目）的截止日期和待办事项整理到一张纸上，可以了解工作的忙碌情况，如“下周会更忙”等。这样就可以早做准备，适当调整下一周的计划。
这样一来，即使面临着多项业务，被工作追赶着的紧张感会减弱，压力也会减少，能够更自如地跟进工作。

年　　月　　日　～　　月　　日

	星期一	星期二	星期三	星期四	星期五	星期六	星期日
第1周							
第2周							
第3周							
第4周							
第5周							
任务（项目）	□ □ □ □						

※按140%复印后可放大至A4大小

20 年
月

本周主题 [ ]

星期一

星期二

星期三

星期四

星期五

星期六

星期日

本周计划

便笺空间

本周任务

下属的工作计划

※按140%复印后可放大至A4大小

20　　年
月

本周主题 [　　　]

星期一

星期二

星期三

星期四

星期五

星期六

星期日

本周计划

便笺空间

本周任务

下属的工作计划

20　年
月

本周主题 [ ]

星期一

星期二

星期三

星期四

星期五

星期六

星期日

本周计划

便笺空间

本周任务

下属的工作计划

※按140%复印后可放大至A4大小